Briefe und Reden für den Trauerfall

Ulf Wetter

Briefe und Reden für den Trauerfall

Aufbau · Inhalt · Stil

Inhalt

Verzeichnis der Musterreden und -briefe

Einführung: Benutzerhinweise und Arbeitshilfen

Aus einem Todesanlaß reden und schreiben zu müssen bedeutet in der Regel, in eine ungewohnte Ausnahmesituation zu geraten. Nur wenige Menschen halten sich für geborene Redner, und die meisten haben kaum Gelegenheit, sich im Ausarbeiten von Trauerreden oder im Verfassen von Kondolenzbriefen zu üben.

Eine ungewohnte Situation ...

Das Buch will also *praktische Hilfen* für den Einzelfall geben. Da der Einzelfall sehr unterschiedlich aussehen kann, bietet es ein Spektrum der verschiedensten Reden und Briefe. Ein Extrakapitel widmet sich dem Thema „Danksagung".

Praxistips ...

Alle *Mustertexte* verdeutlichen, wie solche Schreiben und Reden aussehen können. Sie sollen eine klare Vorstellung bewirken, was man sagen bzw. schreiben will.

... und Beispieltexte

Konkrete *Anleitungen* zu den drei Texttypen Rede – Kondolenz – Danksagung zeigen, wie Schritt für Schritt beim Ausarbeiten vorgegangen wird. Fragen zu Aufbau und Inhalt werden ebenso erörtert wie Techniken der Materialsammlung.

Wie gehe ich vor?

Hinzu kommen die *sprachlichen Einzelhilfen:*
- ein Katalog von stilistischen Kontrollfragen
- bewährte rhetorische Wendungen
- ein Wörterbuch mit Textbausteinen zum Thema „Tod und Trauer"
- ausgewählte Sinnsprüche und Zitate

Sprache, Stil und Formulierung

Das Schlußkapitel bringt einige *Gedanken und Überlegungen* zur Sprache, die unser Verhältnis zu Tod und Trauer beleuchten. Es will helfen, unterschiedliche Einstellungen einzuordnen und dazu die passenden Formulierungen zu finden. Nicht zuletzt will dieser Teil des Buches Denkanstöße geben zu einem Thema, das allzuleicht verdrängt oder durch Konventionen verdeckt wird.

Betrachtungen zum Thema Tod und Trauer

Aufbau einer Trauerrede

Gliederung als flexibles Hilfsmittel

Ein Schema für die Gliederung einer Trauerrede bietet eine verläßliche Orientierung für das, was in eine solche Rede üblicherweise hineingehört. Aber: Das Schema ist ein *Hilfsmittel,* keine Norm! Man kann es verkürzen, abwandeln oder ergänzen, wie es die individuelle Situation verlangt.

Einleitung

Das Problem der Anrede

Die Einleitung beginnt mit der *Anrede* bzw. Begrüßung der Anwesenden. Sie kann sehr kurz ausfallen; man spricht beispielsweise nur die/den Hauptbetroffene(n) an („Liebe Frau Franz!" – „Lieber Onkel!"), man richtet sich an den Verstorbenen selbst, redet ihn an, um die Rede in der Form eines letzten Gesprächs mit ihm zu halten. Sie können aber auch alle Anwesenden mit „Liebe Mittrauernde!" oder dergleichen anreden. Sollte der offizielle Charakter einer Beerdigung die Anrede mehrerer Anwesender nötig machen, werden zuerst die Betroffenen in der Reihenfolge ihrer Nähe zum Verstorbenen genannt, dann erst die Honoratioren in der Reihenfolge ihres „Ranges". Nach der Anrede kann der Redner etwas über sich oder die Gruppe von Menschen, die er vertritt, sagen und über sein oder deren Verhältnis zum/zur Verstorbenen.

Wer ist der Redner?

Eine andere Möglichkeit ist, gleich mit der Person des zu Betrauernden zu beginnen, mit Sätzen, die Trauer und Mitgefühl ausdrücken. In diesem Fall können die Selbsteinordnung des Redners und seine Motive zu sprechen nachgeholt werden. Die Zuhörer wollen wissen: Wer spricht da? Warum spricht er? Ist dies allgemein bekannt, kann es natürlich weggelassen werden.

Hauptteil

Würdigung und Klage

Der Hauptteil der Rede besteht aus der *Würdigung* der verstorbenen Person. Dazu gehört vorweg und/oder eingefügt an geeigneter Stelle die sogenannte *Klage:* die Formulierung der Betroffenheit (Schmerz, Trostlosigkeit etc.) und die Darstellung der Bedeutung des Verlustes. Traditionell geschieht die Würdigung durch eine

Beschreibung des Lebens (der Vita) dieses Menschen oder aber wichtiger Abschnitte bzw. Aspekte seiner Biographie.

Die Skala der Möglichkeiten erstreckt sich hier von der ehrgeizigen (aber nicht sonderlich klugen) Absicht, einen umfassenden Rückblick mit allen wichtigen Daten, Ereignissen etc. aufzufächern bis zu der weisen Beschränkung, nur das darzustellen, was den Redner oder die Menschen, für die er spricht, mit dem/der Verstorbenen verbunden hat.

Ein seit der griechischen Antike überliefertes bewährtes *Schema* sieht für eine anspruchsvolle Würdigung eine Steigerung vor von den allgemeinen Lebensbedingungen (den Zeitumständen, der Familie, der Tradition) über die besonderen Lebensvoraussetzungen (die Begabung, den Charakter, die Lebensziele) zu den Leistungen dieses Menschen, die sich so als besonders rühmlich von ihrem Hintergrund abheben lassen. **Ein klassisches Schema**

Häufig wird noch unterschieden zwischen den Glücksfällen und günstigen Umständen, die diese Leistungen möglich machten, und den eigenständigen Leistungen selbst. Letztere kann man natürlich vor dem Hintergrund ungünstiger Bedingungen noch besser hervorheben. Ziel eines solchen Verfahrens war denn auch, die Vorbildlichkeit einer Person vor Augen zu führen, ihr Leben als beispielhaft und nachahmenswert herauszustellen.

Eine moderne Trauerrede muß dieses Ziel nicht unbedingt verfolgen. Für uns ist nicht nur das Exemplarische interessant, auch *das Individuelle, das Persönliche* am anderen fesselt uns. Hierher gehören bestimmte Vorlieben und Hobbys, besondere Fähigkeiten, auch Erlebnisse und Zufälle des Lebens, schließlich auch ein unkonventioneller Lebensstil oder liebenswerte Eigenarten, bei deren Erwähnung die Zuhörer sozusagen innerlich nicken und denken: „Ja, so war sie!" oder: „Typisch unser Opa!" Eine solche *Wertung* erst macht ein liebevolles Gedenken möglich. **Heute: Das Individuelle steht im Mittelpunkt**

Schluß

Der Schlußteil Ihrer Rede sollte irgendeine Art von *Konsequenz* ziehen. Wenn es nicht die Vorbildlichkeit des/der Verstorbenen ist, dann ist es das Besondere oder Einzigartige seines/ihres Lebens. Wenn es Trost nicht sein kann, können Sie mutig die eigene Trostlosigkeit bekennen. Doch sollte stets deutlich werden, daß dieser Tod dem Redner und dem Mittrauernden etwas bedeutet. Auch Fassungslosigkeit und Unbegreiflichkeit sind oft eine ehrliche Schlußbilanz.

Auf einen Blick: **Gliederung einer Trauerrede**

Einleitung

1. Anrede:

    a) allgemeine Anrede oder Nennung der (Haupt-)Betroffenen in der Reihenfolge der Nähe zum Verstorbenen

    b) Nennung der Honoratioren in Rangfolge (falls nötig)

    c) Gemeinsamkeit der Trauernden („Wir sind im Leid bei den Hinterbliebenen")

2. Selbsteinordnung des Redners: Wer bin ich? Warum spreche ich? Aussagen über das eigene Verhältnis zum Verstorbenen (entfällt, wenn der Redner bekannt ist oder seine Funktion aus der Rede erkenntlich wird)

Hauptteil

3. Klage: Darstellung des Verlustes, der Betroffenheit (z. B. Schmerz, Überraschung, Erlösung von einer längeren Krankheit etc.)

4. Würdigung und Lebensskizze:

    a) Herkunft, Familie, Situationen

    b) Talente, Charakter, Lebensziele

    c) Lebenslauf (Karriere, Leistungen, Erfolge, besondere Ereignisse)

Schluß

5. nochmals Klage, dann Konsequenzen
(z. B. Trost, Trostlosigkeit, Vorbildlichkeit)
Was bedeutet dieser Tod für mich/uns?

Kurz und knapp:
Aufbau einer
Trauerrede

Praktische Tips für Kondolenzbriefe

Verlegenheit und Hemmungen, die auftreten können, wenn Sie schriftlich kondolieren müssen, lassen sich am besten überwinden, indem Sie sich eingestehen, wie die eigene Situation im Augenblick wirklich ist, was Sie wirklich empfinden. Beginnen Sie damit, wann, wo und wie Sie die Trauernachricht erfahren haben und was für *Gefühle* und *Gedanken* diese Nachricht ausgelöst hat.

Was empfinde ich wirklich?

Der Schreibanlaß zwingt auch dazu, sich die Situation der Betroffenen/Hinterbliebenen zu vergegenwärtigen und *Verständnis* und *Mitempfinden* zu äußern. Wenn Sie selbst Ähnliches erlebt haben, kann ein Hinweis auf die persönlichen Erfahrungen den Ausdruck des Mitgefühls verstärken.

Die Lage der Betroffenen vergegenwärtigen

In welchem besonderen privaten oder beruflichen Verhältnis standen Sie zum/zur Verstorbenen? Auch das sollte in zwei, drei Sätzen gesagt werden. Wenn Ihre Beziehung sehr wichtig oder herzlich war, steht es Ihnen frei, diesen Teil auszuweiten. Im Anschluß schreiben Sie dann, was Sie an dem/der Verstorbenen schätzten.

Die Beziehung zum/zur Verstorbenen

Im Falle einer mehr „geschäftsmäßigen" Beziehung folgt anstelle einer Beschreibung des Verhältnisses die *Würdigung der Lebensleistung* und der besonderen *Verdienste*. Vermeiden Sie in beiden Fällen Übertreibungen. Sie wirken leicht unglaubwürdig. Bei einer schwierigen oder konfliktreichen Beziehung kann durchaus hierauf angespielt werden, besonders wenn dies den Kontrast zum privaten Teil des Verhältnisses verdeutlicht.

Respekt vor Leistung und persönlichen Verdiensten

Schlagen Sie am Ende Ihres Schreibens wieder den Bogen zum Anfang. Wenden Sie sich erneut direkt an die Adressaten, drücken Sie nochmals Ihre *Verbundenheit* mit den Trauernden aus, gegebenenfalls auch Angebote von Beistand und Hilfe.

Verbundenheit hervorheben

Auf einen Blick: **Gliederung eines Kondolenzbriefes**

1. *Reaktion auf die Nachricht*
   Formulierung des Mitempfindens über den Verlust

2. *Verständnis für die Situation der/des Hinterbliebenen*

3. *Verhältnis zum/zur Verstorbenen, Wertschätzung/Würdigung*

4. *Verbundenheit in Schmerz und Trauer*
   Vergewisserung der gemeinsamen Beziehungen

Kurz und knapp: Aufbau eines Kondolenzbriefes

Die äußere Form

Vorgedrucktes im Schreibwaren- handel

Anteilnahme schriftlich zu übermitteln fällt oft nicht leichter als die mündliche Formulierung. Deshalb greifen viele gern zu *vorgedruck- ten Karten,* die in Schreibwarengeschäften und in Kaufhäusern erhältlich sind. Nebenbei gesagt: Die von vielen Beerdigungsinstitu- ten angebotenen Drucksachen – erkennbar am schwarzen Rand – werden nur aus dem Trauerhaus verschickt.

Ob Sie vom Angebot des Papierfachhandels Gebrauch machen (und den Text auf der konfektionierten Karte vielleicht durch einige persönliche Worte ergänzen) oder ob Sie Briefpapier oder -karte ver- wenden, hängt auch vom Empfänger ab. Traditionsgemäß wird ein

Handschrift oder Maschinenschrift/ PC-Ausdruck

Kondolenzbrief auf schlichtem weißem Papier mit der Hand geschrie- ben. Sieht man von amtlichen und offiziellen Beileidsschreiben ab, wirkt *Handschrift* immer persönlicher als Maschinenschrift oder ein PC-Ausdruck. Nur wenn jemand eine schlecht lesbare Schrift hat, kann auch ein privater Kondolenzbrief mit Maschine geschrieben werden. Anrede und Briefschluß, also der Gruß, werden aber auch dann handschriftlich eingesetzt.

Stil und Ausdrucksweise

Den Stil bewußt machen

Es ist nützlich, sich beim Schreiben die Stilart, in der man schreibt, bewußt zu machen. Der aufmerksame Leser, z. B. von Todesanzei- gen, wird einen Hauptunterschied in sprachlicher Hinsicht bemer- ken: Die Formulierungen sind entweder mehr oder weniger kon- ventionell und formelhaft, d. h., sie bestehen aus Wendungen, die immer wieder genau so benutzt werden, oder aber sie wirken per- sönlich, frisch, unverbraucht, im negativen Extremfall gesucht.

Die fünf Stildimensionen

Konventioneller oder individueller Stil

Die erste *Stildimension* besteht also in einer graduell abgestuften Skala zwischen den konträren Extremen *konventionell – individuell.* Abgesehen von dieser Skala können wir uns an den herkömmlichen drei Grundstilarten orientieren:

1. Die Sprache stellt vorwiegend Sachen und Sachverhalte dar, ist also in erster Linie *informativ*. **Sachlicher Stil**
2. Die Sprache bringt in erster Linie zum Ausdruck, was in dem Schreiber vorgeht, was er empfindet, denkt, sich vorstellt. Sie ist also ausdrucksstark, *expressiv*. **Ausdrucksvoller Stil**
3. Die Sprache richtet sich vornehmlich an die Adressaten, um sie zu etwas zu bewegen, auf sie Einfluß zu nehmen. Dadurch hat die Sprache *appellativen* Charakter. **Auffordernder Stil**

Ein Kondolenzbrief oder eine Trauerrede, gleich welcher Art, wird fast immer alle fünf Stildimensionen aufweisen, nur mit unterschiedlicher *Akzentsetzung*. Ganz ohne konventionelle Wendungen kommt man in der Regel nicht aus. Die Frage ist jedoch, ob sie den Text dominieren oder ob es gelingt, nur sparsam von ihnen Gebrauch zu machen und zwanglos, ja individuell zu schreiben. **Die richtigen stilistischen Akzente setzen**

Jeder Text wird irgendwelche Fakten vermitteln und damit sachlich-informative Elemente enthalten. Selbst Gefühle lassen sich auf sachliche Art indirekt darstellen, indem man Informationen über die persönlichen Verhältnisse gibt, aus denen der Leser oder Zuhörer schließen muß, wie elend oder gut es dem Schreiber/Redner geht. Sie können diese Gefühle, Stimmungen, Vorstellungen aber auch direkt, ohne Umschweife benennen und beschreiben. Ein zweites Beispiel: Ein Appell zur Mithilfe kann entweder indirekt, durch informative Beschreibung einer Sachlage oder direkt als Wunsch, Aufforderung, Bitte ausgedrückt werden.

Kurzum: Bei allem kommt es immer auf die rechte Mischung an. Sie richtet sich nach der Situation der Schreiberin/des Schreibers, nach dem Verhältnis von Schreiber(in) und Leser(in) und allen anderen Faktoren, die noch im Spiel sind. **Die Stilelemente sinnvoll mischen**

Pietät und Rücksichtnahme

Schließlich stellt sich die Frage: Gibt es einen „*pietätvollen*" Stil? Was muß bei schriftlichen oder gesprochenen Beileidsbekundungen besonders berücksichtigt werden? Trauernde sind Verletzte. Psychosoziale Wunden schmerzen oft mehr und vor allem anhaltender als körperliche. Wie schont man also die Verletzlichkeit und Empfindlichkeit von Hinterbliebenen?

Die unterschiedlichen Reaktionsweisen der Betroffenen ernst nehmen

Im Einzelfall bleibt dies immer eine Frage des Einfühlungsvermögens und des Taktgefühls, aber allgemein kann man überlegen, welchem Reaktionstypus der Betroffene angehört. Mindestens zwei Reaktionstypen lassen sich grundsätzlich unterscheiden. Es gibt Menschen, die wollen bedauert, getröstet und durch das Mitgefühl ihrer Umgebung bestätigt werden. Andere wiederum versuchen, den Schmerz in sich nicht groß werden zu lassen, sie neigen eher dazu, ihn, wenn nicht zu verdrängen, so doch zu übergehen und wollen nicht, daß Freunde und Bekannte ihnen ihr ganzes Elend immer wieder vor Augen führen.

Um die angemessenen, mehr expressiven oder mehr sachlichen Formulierungen zu finden, lohnt es zu überlegen, in welchem Grade die Trauernden zum einen oder anderen Reaktionstyp gehören oder welchen „Mischtyp" sie verkörpern. Oder reagieren sie ganz anders? Richtet sich bei ihnen die Haupterwartung auf die Erfüllung aller sozialen Konventionen und Rituale? Oder wie gehen sie mit diesen Ritualen um?

Um den richtigen Stil und die treffenden Worte zu finden, braucht man sicher keine sozialpsychologische Typologie der Trauerreaktionen. Es ist aber durchaus sinnvoll, sich für die Vielfalt der emotionalen Verarbeitungsweisen von Trennungsschmerz zu sensibilisieren. Insofern können obige Überlegungen als Anregung dienen.

Was darf man über einen Toten sagen, was nicht?

Eine Stilfrage ist schließlich auch: *Was darf ich sagen – was nicht?* Welche Inhalte gehören in ein Beileidsschreiben oder in eine Trauerrede, welche nicht?

Cheilon, einer der sieben Weisen Griechenlands, forderte, nur gut über die Toten zu reden (de mortuis nil nisi bene). Dies charakterisiert die Haltung der Pietät. Die Toten können sich nicht mehr wehren, und wer mag sich anmaßen, über sie zu richten? Das heißt aber nicht, daß wir zu Lobhudeleien verpflichtet sind. Gutes von den Toten müssen wir nur sagen, soweit wir es von ihnen sagen können. Verklärungen und Übertreibungen schaden dem Andenken des Verstorbenen, weil sie die Wissenden mißgünstig und die Unwissenden mißtrauisch machen.

Idealisierungen und Floskeln meiden

Idealisierte Darstellungen führen dazu, daß Trauerreden und Kondolenzbriefe peinlich und verlogen wirken. Sie tragen zur abschätzigen Ablehnung des Trauerzeremoniells überhaupt bei.

Die Aufgabe, inhaltlich und stilistisch, besteht also darin, die verstorbene Person so zu schildern, wie man sie erlebt hat, wie man sie

„bezeugen" kann. Selbst wenn man konventionelle Formeln verwendet, müssen sie glaubwürdig sein, sonst werden sie als Floskeln empfunden.

Ein wichtiger, aber auch schwieriger Punkt ist dabei, kritische Aspekte, Probleme, Konflikte in angemessener Form mit einzubeziehen. Sie fördern die Wirklichkeitsnähe und damit die Glaubwürdigkeit der Beschreibung. Sie stören andererseits die gebotene Pietät nur dann nicht, wenn sie in eine positive Darstellung integriert sind. Kritische Anmerkungen können sogar die Würdigung der Person steigern, wenn sie geschickt als kontrastierendes Element eingesetzt werden.

Kritik an Verstorbenen?

Kontrollfragen für den eigenen Text

Die vorstehenden Hinweise können selbstverständlich keine „Fast-Food-Stilschule" sein, sondern dienen in erster Linie dazu, uns einige Kontrollfragen an die Hand zu geben. Die folgende Checkliste eignet sich besonders gut zum Überarbeiten von Texten:

Bewertung des selbstverfaßten Textes

1. Ist mein Text zu konventionell und formelhaft? Welche feststehende Wendungen akzeptiere ich, welche finde ich unangemessen?
2. Wie weit kann ich persönlichere Formulierungen einbringen? Wie offen und spontan sollte ich schreiben?
3. Inwieweit beschränke ich mich auf reine Sachdarstellungen? Welche Informationen will ich vermitteln?
4. Welche Gefühle, Gedanken (Sorgen/Hoffnungen) bewegen mich? Drängt es mich, sie in Worte zu fassen?
5. Welche Gefühle und Empfindlichkeiten der Zuhörer/Leser muß ich berücksichtigen? Was könnte mißverstanden werden?
6. Was will ich vom Empfänger/Zuhörer? Wozu möchte ich ihn veranlassen?
7. Ist meine Darstellung aufrichtig und glaubwürdig?

Wirkungsvolle Wendungen und Satzgestaltungen

Aus der antiken Redekunst stammen sogenannte *rhetorische Figuren,* d. h. bewährte Schemata einer effektiven Satzgestaltung. Diese „Satzfiguren" erhöhen, sparsam und gezielt verwendet, die Wirksamkeit der gesprochenen Sprache.

Satzmodelle aus der klassischen Rhetorik gezielt einsetzen

Die wichtigsten davon sind hier zusammengestellt, mit Beispielen zum Thema Trauer und Schmerz. Sie sollen als Anregung verstanden werden, solche und ähnliche Formulierungen gelegentlich in eine Rede einzubauen.

Doch Vorsicht: Die Häufung dieser Satzmodelle wirkt formelhaft und leer! Verwenden Sie sie deshalb nur an ganz bestimmten Stellen, z. B. bei der „Klage" am Anfang und am Ende oder zur Verdeutlichung von Höhepunkten bei der „Würdigung". Am besten sind solche Sätze gelungen, wenn die schematische Form dem Hörer gar nicht bewußt wird.

Anapher

Wiederholung eines Wortes oder Satzteiles **am Anfang** aufeinanderfolgender Sätze (Anapher):

Wir haben mit ihr jahrelang zusammengearbeitet.

Wir haben mit ihr oftmals gefeiert und gelacht.

Wir haben nun gemeinsam den Schmerz zu tragen, daß sie uns entrissen wurde.

Dankbar sind wir für seine Liebe und Hilfe, die wir von ihm erfahren haben.

Dankbar erinnern wir uns an die vielen gemeinsamen Stunden.

Dankbar werden wir immer seiner gedenken.

Epipher

Wiederholung eines Wortes oder Satzteiles **am Ende** aufeinanderfolgender Sätze (Epipher):

Das haben wir empfunden, als wir die Nachricht von seinem Tode erhielten: Schmerz und Trauer.

Und heute stehen wir an seinem Sarge (Grabe) und sind erfüllt von Schmerz und Trauer.

Die Zeit wird das so bald nicht heilen können, wir werden seiner immer wieder gedenken, und diese Gefühle werden uns wieder einholen und stumm machen: Schmerz und Trauer.

Wortwiederholungen im Satz (Repetitio):   **Repetitio**
 Von uns allen kann keiner, wirklich keiner sagen, er habe ihm wenig
 bedeutet.
 Sie sagte das leise, sehr leise.

Gegenüberstellung (Antithetik):   **Antithetik**
 Unter so ungünstigen Umständen – solche Erfolge.
 Was er erarbeitet hatte, alles war schlagartig verloren und wertlos.

Gleicher, sich wiederholender Satzbau (Parallelismus):   **Parallelismus**
 Diese Frau, die mein Leben so lange Jahre begleitete, der ich so viel
 zu verdanken habe, die ich so geliebt habe, diese Frau, die wir heute
 zu Grabe tragen müssen, werde ich nie vergessen.

Überkreuzstellung (Chiasmus):   **Chiasmus**
 Immer wieder im Leben werden wir mit dem Tod konfrontiert,
 angesichts des Todes müssen wir unser Leben neu überdenken.
 (Leben – Tod / Tod – Leben)
 Mit ihr konnte man über jedes Problem sprechen, und viele
 Mitarbeiter kamen denn auch mit den Problemen zu ihr.
 (ihr – Problem / Problem – ihr)

Wortumstellung (Inversion):   **Inversion**
 a) Betonung am Anfang des Satzes:
 statt: Die Sorgen dieser Jahre lasteten auf ihm, wird ihm betont:
 Auf *ihm* lasteten die Sorgen dieser Jahre.
 b) Betonung am Satzende:
 statt: Sie war der Mittelpunkt der ganzen Familie, wird sie betont:
 Der Mittelpunkt der Familie war *sie.*

Steigerung (Klimax):   **Klimax**
 Er konzentrierte sich ganz auf diesen Plan, arbeitete zäh an seiner
 Verwirklichung, und nach fünf schweren Jahren konnte er sagen:
 Ich habe es geschafft!
 In ihren letzten Lebensjahren lebte sie sehr zurückgezogen. Es fehlte
 ihr, wenn man mit ihr zusammen war, die alte Frische und Munter-
 keit. Dann kam diese Krankheit hinzu, sie zog sich über Wochen hin,
 und dann am Ende das Krankenhaus, ein paar Tage nur, dann war
 sie erlöst von ihrem Leiden.

Paradoxon

(Scheinbarer) **Widerspruch** (Paradoxon):

Das ganze Leben ist ein einziges Sterben.

Als überzeugter Christ glaubte er fest daran, im Tode das Leben zu finden.

Wir sind untröstlich, und gerade deswegen geben wir die Hoffnung nicht auf. *(Auch umgekehrt:)* Weil wir nie die Hoffnung aufgeben können, gerade deswegen sind wir untröstlich.

Parenthese

Einschub (Parenthese):

Herr Winter hat – jeder von uns gibt das neidlos zu – Überdurchschnittliches geleistet ...

Nicht alles, was sie anstrebte und durchführte – es wäre unaufrichtig, das nicht zuzugeben – habe ich gut und richtig gefunden, aber ...

Refrain

Wiederholter Satz (Refrain/Leitmotiv) an verschiedenen passenden Stellen der Rede:

Sie war die Seele der Familie ...

Sie war eben die Seele der Familie ...

Auch in dieser Hinsicht war sie die Seele der Familie ...

Prolepse

Voranstellung (Prolepse) von Worten und Wortgruppen, auf die dann wieder Bezug genommen wird:

Dieses Ereignis, das werde ich nie vergessen können!

Seine Persönlichkeit, seine Leistungen, seine Menschlichkeit, wir werden sie immer als vorbildlich empfinden und in dankbarer Erinnerung bewahren.

Rhetorische Frage

Rhetorische Frage (eine Aussage in Form einer Frage, die keiner Antwort bedarf):

Haben wir das etwa nicht gewußt? Wer will das abstreiten?

Empfinden wir nicht in diesem Augenblick alle dasselbe?

Anrede

Anrede (Verstärkung durch Reihung und Steigerung beim Nennen der Angesprochenen):

Liebe Mittrauernde, liebe Familienangehörige, liebe Frau Malthus!

Die Trauerrede: Vom Konzept zum Vortrag

Die Menschen sind verschieden in der Art, wie sie an eine solche Aufgabe herangehen. Es gibt Leute mit einer starken inneren Abneigung gegen schriftliche Ausformulierungen. Sie sprechen am liebsten frei. Trotzdem brauchen auch sie eine Vorbereitung. Wer sich auf Notizen und ausgearbeitete Texte verlassen möchte, braucht sie erst recht.

Keine Rede ohne Vorbereitung!

Mentale Vorbereitung

Ganz intuitiven Menschen genügt eine *mentale Vorbereitung,* das heißt, sie stellen sich die Situation, die auf sie zukommt, z. B. am Grab zu stehen und reden zu müssen, immer wieder vor und überlegen so probeweise, was sie sagen könnten.

Durch geistige und emotionale Einstimmung ...

Was der mehr schriftlich arbeitende Typ mit Material- und Stichwortsammlung sowie Entwürfen auf dem Papier vorbereitet, kann so ähnlich auch im Kopf geschehen. Angenommen Sie sind so ein mündlich-intuitiver Rednertyp. Dann dürfte es Ihnen nicht schwerfallen, die Bildung von Assoziationen und Gedankenketten, von Formulierungen und Wendungen zu steuern und systematisch zu fördern. Die folgenden Empfehlungen werden Ihnen dabei behilflich sein:

... den Inhalt der Rede assoziativ erarbeiten

1. Stellen Sie sich den *Raum* oder den *Ort* vor, wo Sie sprechen werden (Grab, Trauerhalle, Gesellschaftsraum etc.). Falls möglich, sollten Sie sich den Ort schon einmal ansehen, oder Sie stellen sich mehrere Orte vor.

Wo rede ich?

2. Überlegen Sie, *wer* Ihnen *zuhören* wird. Denken Sie an Personen, die Sie kennen, und malen Sie sich aus, welche Ihnen unbekannte

Zu wem spreche ich?

Personen dabeisein könnten (z. B. Vereinsmitglieder, Vertreter des öffentlichen Lebens, unbekannte Familienangehörige, Kollegen, Geschäftspartner).

Wer war der Verstorbene? Was bedeutete er für mich und andere?

3. Denken Sie an den *Verstorbenen.* Vergegenwärtigen Sie sich immer wieder: wer er eigentlich war; was ihn von seinen Interessen und Vorlieben her charakterisiert hat (beruflich, privat, Hobbys, Reisen); wer seine wichtigsten Bezugspersonen waren; wie Sie selbst zu ihm standen und er zu Ihnen; was Sie verband, was Sie trennte. Gab es wichtige gemeinsame Erlebnisse? Wie weit kennen Sie seinen Lebenslauf? Fehlen Ihnen noch wichtige Informationen? Welche Abschnitte und Phasen lassen sich in diesem Leben erkennen?

4. Prüfen Sie, ob es eine *Besonderheit* gibt, die Sie zum roten Faden Ihrer Rede machen können: Freundschaft – Liebe – Treue – Karriere – Haus und Familie – eine große Leidenschaft etc.

Was löst der Tod dieses Menschen aus?

5. Wie reagieren Sie und andere auf seinen Tod? Von welchen Gefühlen werden Sie bewegt, wenn Sie an den Verstorbenen denken? Welche praktischen und menschlichen Folgen hat sein Tod?

6. Wie gehen Sie und andere mit diesem Tod um? Was kann die Betroffenen und Sie trösten? Oder gibt es keinen *Trost?* Wenn man das so empfindet, sollte man es auch ruhig zum Ausdruck bringen!

Grobgliederung als Gedächtnisstütze

7. Entwerfen Sie eine *Grobgliederung* Ihrer Rede, die Sie gut behalten können und die Sie sich immer wieder vor Ihr geistiges Auge holen. Das gedankliche Gerüst sollte möglichst einfach sein, beispielsweise eine Gliederung mit drei oder – maximal! – mit fünf Punkten. Letztere besteht wiederum aus einem Rahmen von zwei Teilen (Anfang und Ende) und einem Mittelteil von drei Teilen.

Beispiel für eine Gliederung mit drei Punkten:
a) Begrüßung (ggf. Darlegung Ihrer Situation als Redner) und Betroffenheit/Klage

Zwei Gliederungsbeispiele

b) Lebenslauf des Verstorbenen
c) Trauergefühle und Trostvorstellungen, Wünsche und Hoffnungen für die Betroffenen

Beispiel für eine Gliederung mit fünf Punkten:
a) Begrüßung und Ausdruck der Betroffenheit
b) Lebensphasen des Verstorbenen

c) Begabungen, Charaktereigenschaften
d) besondere Ereignisse, Leistungen, Verdienste
e) Trauergefühle, Trost, Wünsche/Hoffnungen

Selbstverständlich steht es Ihnen frei, Ihre Rede um ein treffendes Zitat zu ergänzen oder eine Zitataussage aufzunehmen und, bezogen auf Ihren Anlaß, weiterzuentwickeln oder zu variieren. **Eventuell passende Zitate einstreuen**

Vielleicht wollen Sie auf jeden Fall frei sprechen, Ihre Vorbereitung aber doch schriftlich fixieren. Genügt Ihnen dabei ein mehr oder weniger ausgearbeitetes *Stichwortkonzept,* so sollten Sie lediglich die ersten vier Kapitel zum Thema „Ausarbeitung der Rede" heranziehen. **Was ist für wen interessant im Folgekapitel?**

Es gibt aber auch Menschen, die zwar frei sprechen, aber aus einem Sicherheitsbedürfnis heraus die Rede schriftlich ausformulieren möchten. (Dabei kann die tatsächlich gehaltene Rede von der schriftlich vorbereiteten erheblich abweichen.) In diesem Fall empfiehlt es sich, durchaus alle sieben Kapitel zu nutzen.

Am sichersten ist man natürlich, wenn man eine sorgfältig durchdachte und ausformulierte Rede wörtlich vorträgt. Auch in diesem Fall ist es ratsam, sich mental „einzustimmen". Damit bereiten Sie Geist und Psyche bestens auf die schriftliche Ausarbeitung vor. Die gründliche *innere Vorbereitung* ist ein wirksames Mittel gegen die öden Leerlaufphasen, die beim Ausarbeiten auftreten können. **Sicherheit durch schriftliche Ausarbeitung**

Ausarbeitung der Rede

Wie beginnen Sie nun am besten mit der schriftlichen Ausarbeitung? Auf keinen Fall mit dem ersten Satz oder überhaupt mit fertigen Formulierungen. Sollten Ihnen spontan solche Formulierungen einfallen, schreiben Sie die natürlich gleich auf, damit sie nicht verlorengehen. Wenn Sie dann den Hinweisen dieses Kapitels folgen, werden Sie Ihre Notizen an den passenden Stellen einbauen können. **Nicht mit dem ersten Satz anfangen!**

Es gibt viele Menschen, deren Gedanken sich erst beim Schreiben entwickeln und die deshalb keinen anderen Weg sehen, als flott drauflosZuschreiben. Sie sollten das durchaus so tun. Es empfiehlt sich aber auch in diesem Fall, die nachfolgend beschriebenen **Entwickeln der Gedanken beim Schreiben**

Arbeitsschritte zumindest nachzuvollziehen. So lassen sich spontan geschriebene Texte vervollständigen, systematisieren oder umarbeiten, also überprüfen und verbessern.

Clustering und Mind-mapping

Alles, was einem durch den Kopf geht, ist wichtig!

Am Anfang steht immer das *Brainstorming,* das Abrufen und schriftliche Fixieren der „Geistesblitze". Dabei ist es falsch, wenn man denkt, es müßten wahre Geistesblitze sein. Im Gegenteil, man sollte auch das Banalste aufschreiben, einfach alles, was einem einfällt.

Aus meinen Einfällen wird ein System

Durch *Clustering,* d. h. Bündelung der Einfälle, entsteht ein lockeres assoziatives System, und es ergeben sich weitere Anregungen. Nehmen Sie ein großes Blatt Papier, möglichst DIN-A 3. Mitten hinein setzen Sie den Namen des/der Verstorbenen, vielleicht mit Geburts- und Todesdatum. Umschließen Sie diese Stichwörter mit einem Oval. Was Ihnen nun spontan zu der Person einfällt, schreiben Sie um dieses Oval herum nieder, und verbinden Sie es mit Strichen zur Mitte. Anschließend gehen Sie diese Stichwörter durch und notieren sofort, was Ihnen dazu einfällt. Markieren Sie die inhaltliche Verknüpfung wieder mit Strichen usw. Natürlich muß das Stichwortgebilde nicht gleichmäßig nach allen Seiten wachsen. Lassen Sie überall viel Platz für spätere Ergänzungen.

Auch Strichmännchen und Symbole sind gute Auslöser für treffende Formulierungen

Wer Lust und Talent zum Zeichnen hat und wem eher Bilder vor Augen stehen, die er leicht in eine Zeichnung umsetzen oder durch ein Zeichen/Symbol symbolisieren kann, der hat die Möglichkeit, das Clustering zum *Mind-mapping* auszubauen. Er entwirft sozusagen eine Karte mit Wegen, Abzweigungen und Bildern, natürlich auch mit entsprechenden Stichwörtern. Die Bilder sollten ganz einfach sein (Strichzeichnungen). Sie lassen sich durch Piktogramme, Symbole und Abkürzungen ergänzen. Außerdem kann man mit Farben bestimmte Bereiche, Themen oder sonst Zusammengehöriges hervorheben. Für einen Menschen, der am liebsten frei-assoziativ spricht, empfiehlt es sich, eine solche bunte Bildervorlage zu entwerfen. Es kann sich beim Reden an ihr orientieren und kontrollieren, daß er nichts vergessen hat.

Oft fällt einem eine gute Formulierung ein, man schreibt sie dazu, auch ein Zitat, ein Vers, einen Ausspruch – alles, was einem in den Sinn kommt, sollte festgehalten werden. Denken Sie daran: Es muß nicht immer ersichtlich sein, ob Sie die Einfälle gebrauchen können, oft scheinen sie abwegig. Dadurch sollten Sie sich nicht abhalten lassen. Vertrauen Sie getrost dem eigenen Unbewußten; Assoziationen entstehen nicht zufällig, und meist geht Ihnen erst später der Sinn und Zusammenhang auf, und Sie kommen auf neue Ideen, Gesichtspunkte, Verknüpfungen. Im übrigen gilt auch hier: Weglassen und Streichen können Sie zum Schluß immer noch!

Nicht vergessen: Streichen können Sie immer!

Wenn genügend Vorbereitungszeit zur Verfügung steht, bietet es sich an, Stichwortschema und „Landkarte" gelegentlich wieder hervorzuholen und weiter auszubauen. Aber meist genügen sie als kurzer Entwurf dessen, was ich spontan, ohne lange zu überlegen, hinschreiben kann.

Materialsammlung

Clustering und Mapping bieten noch einen weiteren Vorteil. Sie machen sofort klar, was ich nicht weiß, welche Unterlagen und Informationen mir fehlen. So können Sie im Stichwortschema Kreise mit Fragezeichen einbauen. Oder Sie legen sich eine Liste an mit allen fehlenden Informationen und mit Notizen, woher und von wem sie diese eventuell bekommen. Als Hilfsmittel dient ein klassisches Fragenschema:

Informationsbedarf und -quellen ermitteln

Was? – Wer?   Wann? – Wo?   Wie? – Womit?   Warum? – Wozu?
Dieses einfache Schema ermöglicht die vollständige Erschließung eines Themas – vor allem dann, wenn man es in allen möglichen Variationen anwendet.

Was? – fragt nach allen Fakten und Inhalten. Was ist passiert? Wer hat was gesagt? Was hat der/die Verstorbene gemacht, gewollt, erreicht, verloren?

Fragetechniken systematisch anwenden

Wer? – fragt nach allen beteiligten Personen. Wer stand ihm/ihr am nächsten? Wer war bei ihm/ihr in den letzten Stunden? Wer hat veranlaßt, daß ...

Wann? – fragt nach allen Daten und Verhältnissen. Wann hat er/sie geheiratet? Wann ist er/sie erkrankt? Wie lange hat er/sie in X gelebt? Seit wann kannte ich ihn/sie?

Wo? – fragt nach allen räumlich-örtlichen Gegebenheiten. Wo ist er/sie geboren? Wo hat er/sie wen kennengelernt? Wo fühlte er/sie sich am wohlsten?

Cluster: Überschwemmungskatastrophe

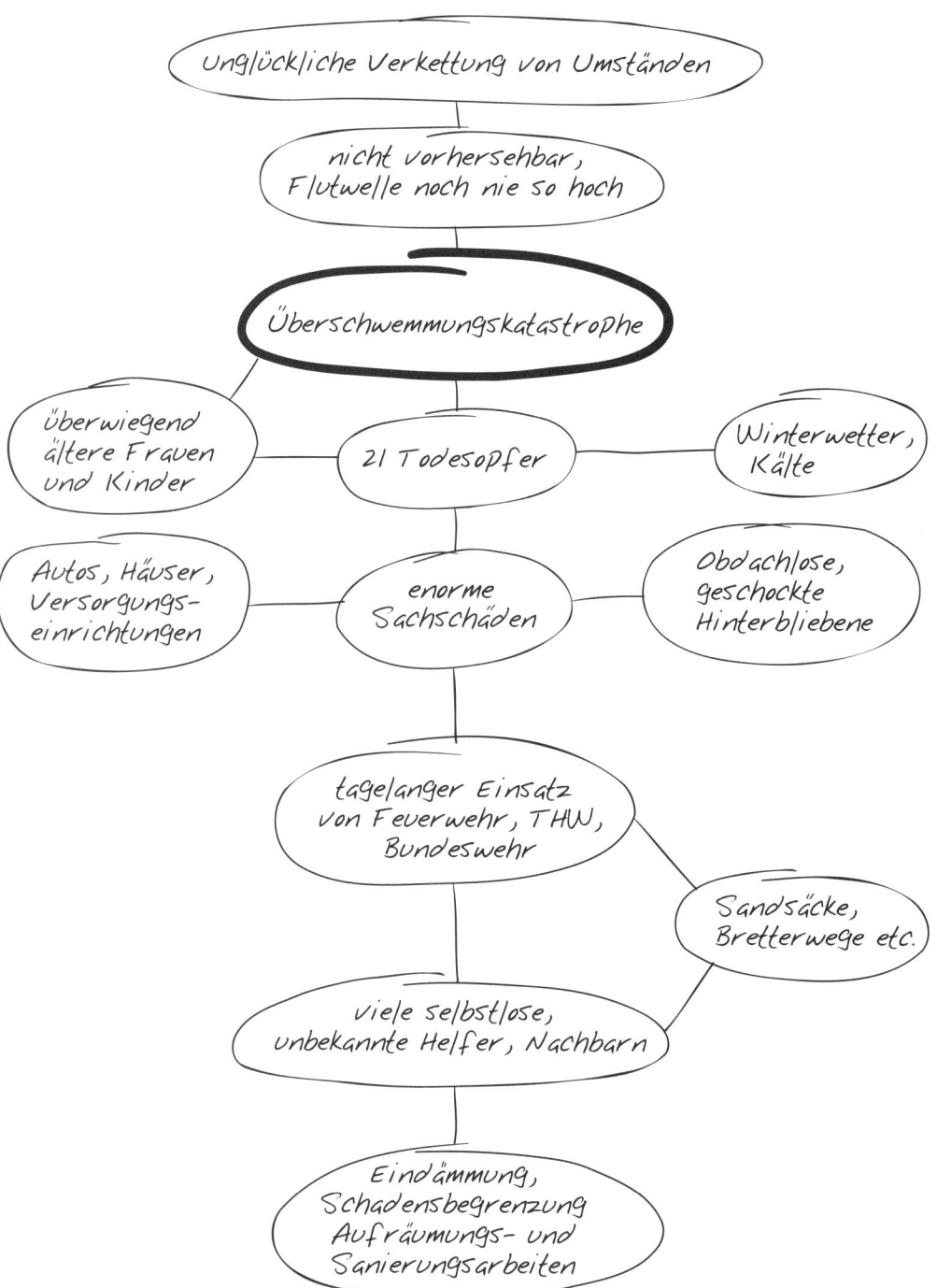

Mind-map zum gleichen Thema

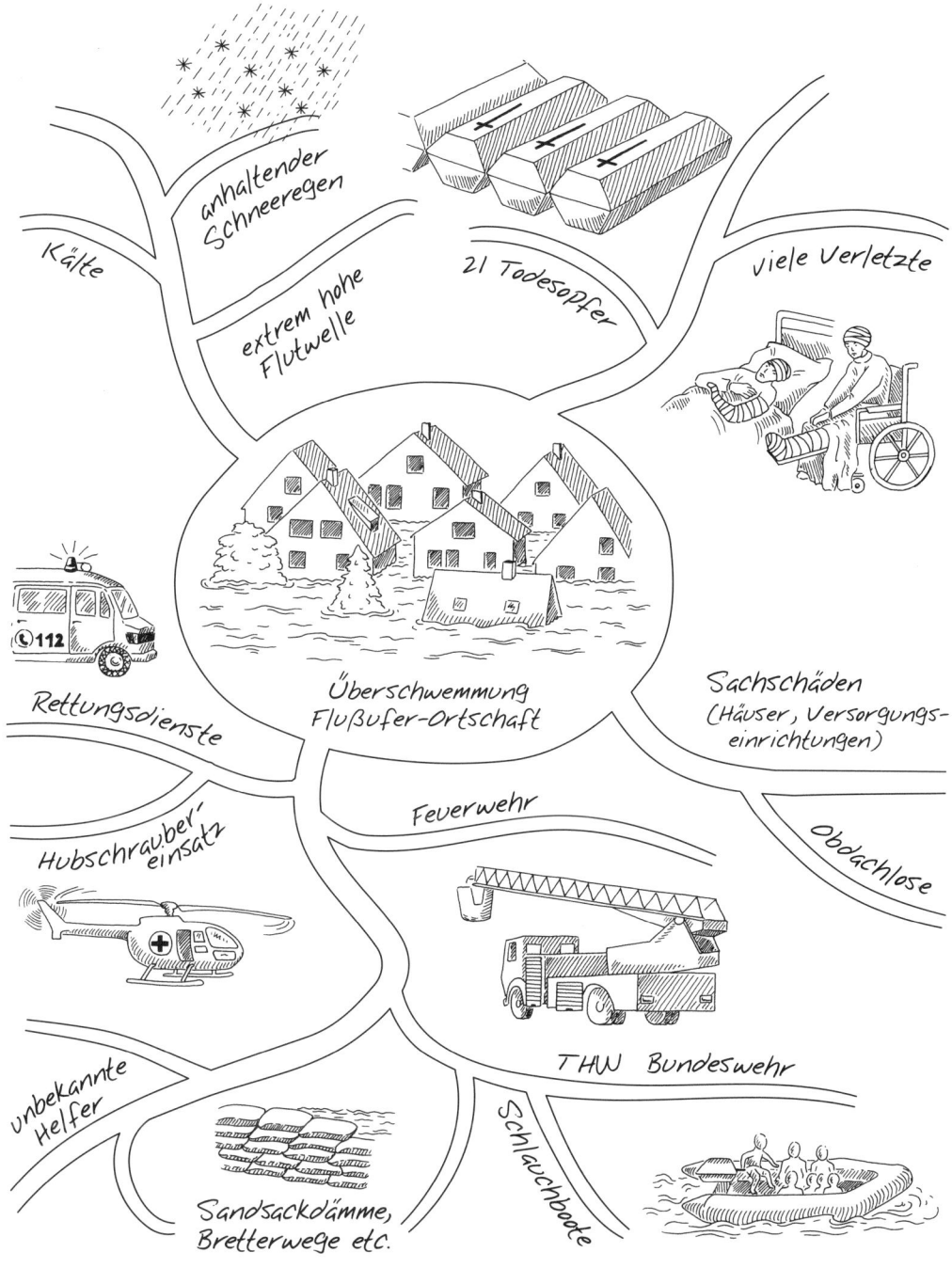

(vgl. S. 22/23 und Rede auf S. 77–79)

Wie? Womit? – fragt nach Umständen und Mittel-Zweck-Verhältnissen. Womit hat er/sie das erreicht? Wie ist er/sie aufgewachsen? Wie konnte das geschehen? Wie hat er/sie das verstanden/erlebt/verarbeitet?

Warum? Wozu? – fragt nach Ursachen/Gründen, nach Zwecken und Zielen. Warum mußte er/sie seine/ihre Ausbildung abbrechen? Warum ist er/sie so früh gestorben? Warum hat er/sie so ein hohes Alter erreicht? Wozu ist er/sie ins Ausland gegangen? Wozu (Wofür) hat er/sie sein ganzes Leben lang gearbeitet und gespart?

Ziel: die vollständige Stoffsammlung

Es kommt also darauf an, die Fragen vielfältig abzuwandeln und vielseitig anzuwenden, so daß eine möglichst lückenlose *Materialsammlung* entsteht.

Die nächste Frage lautet: Woher bekomme ich die gewünschten Informationen? Der einfachste und angenehmste Weg ist, andere

Informationen beschaffen

Personen zu fragen, die Auskunft geben können. So wird z. B. ein Pfarrer durch einen Besuch bei der trauernden Familie alle wichtigen Lebensdaten, Erlebnisse, Merkmale der verstorbenen Person in Erfahrung bringen.

Ein schwierigerer Weg ist es, Dokumente (Briefe, Urkunden) und andere persönliche Hinterlassenschaften (Bilder) auswerten zu müssen. Ein alter rhetorischer Grundsatz lautet: Je besser die Infor-

**Notfalls:
Mut zur Lücke!**

mationsbasis, desto besser die Rede. Aber: Man braucht selten alle Informationen, und schließlich wird jeder verstehen, wenn man offen sagt, was man von der betreffenden Person nicht weiß, nicht wissen kann.

Entwürfe schreiben

**Den „richtigen"
Einstieg finden**

Orientieren Sie sich jetzt nochmals am allgemeinen Aufbauschema der Kondolenzrede (siehe Seite 10). Versuchen Sie aber nicht mit dem Einstieg anzufangen und mit dem Ende aufzuhören. Viele Leute scheitern immer wieder am Problem des ersten Satzes, des „richtigen Anfangs"! Das kostet Zeit und führt zu Resignation.

Wie gehen Sie also vor? Suchen Sie sich Teile der Rede heraus, die relativ unproblematisch sind oder zu denen Ihnen spontan Formulierungen einfallen. So kann man gut mit der Ausarbeitung der gesammelten biographischen Notizen beginnen. Versuchen Sie den Lebenslauf zu skizzieren. Oder Sie überlegen schon mal, wie *Anrede* und *Begrüßung* aussehen sollten: Wie weit können Sie pauschal begrüßen („Liebe Angehörige!", „Liebe Trauernde!", „Ich begrüße die Arbeitskollegen und Kolleginnen" usw.), und wen müssen Sie persönlich nennen? Sie können also beginnen, wo Sie wollen, wo Sie am leichtesten Zugang zum Thema finden.

Eine andere Möglichkeit: Sie konzentrieren sich zunächst auf den *Schluß* Ihrer Rede, versuchen Sie mal zu formulieren, warum Sie einen Sinnspruch oder eine Lebensweisheit ausgewählt haben, die Sie zitieren möchten. Vielleicht fallen Ihnen dann auch einige Worte des Trostes – oder der Trostlosigkeit – ein, die Sie vor diese Schlußpassage setzen wollen. Wenn Sie nicht weiterkommen, lassen Sie den Faden erst einmal liegen und nehmen ihn an anderer Stelle wieder auf.

Auch ein Weg: Beginnen Sie mit dem Schluß der Rede

Im letzten Schritt setzen Sie dann das schon Konzipierte zusammen und ergänzen die Lücken – das fällt dann leichter. Und noch ein Vorschlag: Schreiben Sie die ersten, stark emotional gefärbten Worte nach der Begrüßung erst ganz zum Schluß. Sie sind dann viel besser „drin" und werden überzeugender formulieren.

Stichwortkonzept

Beim Schreiben passiert es häufig, daß man sich in Einzelheiten verliert. Für diese Fälle gibt es ein wirksames Korrektiv: Zwingen Sie sich, Ihren Entwurf auf ein Stichwortkonzept zu reduzieren. Wer frei sprechen möchte, braucht sowieso ein solches Blatt mit den wichtigsten Inhaltspunkten der Rede.

Inhaltliche Eckpunkte sichern das freie Sprechen ab

Wie der Name schon sagt, schreibt man keine ganzen oder verkürzten Sätze auf, sondern lediglich mit einem Blick leicht zu fassende Worte. Wenn sie als *Redevorlage* dienen, sollten sie groß genug oder sogar in Druckbuchstaben geschrieben sein, damit sie auch aus einer weiteren Entfernung vom Auge noch rasch erfaßt werden können. Zudem ist eine übersichtliche Anordnung der Stichwörter wichtig. Will man bestimmte komplizierte Formulierungen, Zitate oder Sprüche in die Rede einfügen, empfiehlt es sich, sie auf separaten Blättern – in Großschrift – zu notieren und dann an der richtigen Stelle abzulesen.

Auf optimale Lesbarkeit der Redevorlage achten

Überarbeiten – Ausformulieren

Den Entwurf erweitern und korrigieren

Bei der Überarbeitung des Entwurfes kann das *Stichwortkonzept* wertvolle Anregungen geben: Was ist zu streichen? Was könnte vielleicht noch ergänzt werden? In einem Extraschritt prüfen Sie, ob der Gedankengang und die Entwicklung von Vorstellungen, Gefühlen und Stimmungen nachvollziehbar sind. Am besten stellen Sie sich einen Zuhörer vor, der sich anhören muß, was Sie vortragen. Wie könnte er reagieren? Könnte er abschalten, weil er denkt, das übliche

Überprüfen: Wirkt das Gesagte glaubhaft?

Blabla – oder sich peinlich berührt fühlen von unaufrichtigen Formulierungen? Überlegen Sie also, was Sie tatsächlich sagen möchten, was Ihr *Anliegen* ist, was Sie empfinden. Worte, die aus „vollem Herzen" kommen, wirken immer überzeugender als solche, von denen Sie selbst denken, daß sie nun mal so üblich sind, daß sie erwartet werden. Wenn Sie hinter einer Wendung nicht wirklich stehen, streichen Sie sie!

Ehrliche Formulierungen kommen besser an!

Die Frage taucht nun auf: Wie könnte ich es anders sagen? Wie wir etwas formulieren, hängt auch immer entscheidend vom Adressaten ab. Stellen Sie sich also vor, *wem* Sie Ihren Redetext nahebringen, wen Sie wirklich ansprechen wollen. Vielleicht geraten Sie dadurch in den Konflikt, daß Sie sich verpflichtet fühlen, bestimmte traditionelle Trauerformeln zu benutzen, im Grunde aber ganz anders empfinden, z. B. „Wir alle sind tief erschüttert von diesem unerwarteten, frühen Tod!" Ehrlicher wäre: „Keiner von uns möchte so früh sterben wie . . ., und deshalb hat uns dieser Tod aufgeschreckt und in unserer Lebenssicherheit erschüttert!"

Eine „Schreibe" in eine Rede verwandeln

Wer eine Rede schreibt, schreibt oft keine Rede, sondern eine „Schreibe". Er muß dann eine „Schreibe", d. h. einen Text, der für einen Leser und nicht für einen Zuhörer geschrieben ist, *vorlesen*. Das ist ebenso qualvoll für den Vortragenden wie für die Zuhörer. Zur Überarbeitung einer Trauerrede gehört also auch, daß man den Text laut liest, ihn vielleicht sogar dem Partner oder einer guten Freundin vorträgt. Auf viele Ecken und Kanten, auf Unsprechbares und Schwerverständliches wird man dabei stoßen. Also muß man vereinfachen, den Text in *mündliche Rede* verwandeln.

Wie gehen Sie dabei vor?

▷ Lösen Sie längere Satzgefüge auf. Das heißt nicht, daß Sie nur kurze Hauptsätze aneinanderreihen müssen. Aufzählungen, Einschübe von Wortgruppen, auch Nebensätze, vorangestellt, nachgestellt oder eingeschoben, lassen sich nicht vermeiden. Die Sprache wird sonst zu langweilig. Kurze Hauptsätze, hier und da eingestreut, sollten jedoch immer wieder für ruhige und klare Aussagen sorgen.

Den Satzbau vereinfachen

▶ Sprechen Sie die Zuhörer immer wieder direkt an, oder beziehen Sie sie mit ein: „Sie alle hier …", „Jeder von uns …", „Wir Hinterbliebenen …", „Sie werden das nicht anders empfinden als ich …", „Ihnen wird es ähnlich ergangen sein …" usw.

Die Zuhörer einbeziehen

▶ Stellen Sie *rhetorische Fragen,* also als Fragen formulierte Aussagen: „Wer hätte das ahnen können?", „Haben wir nicht alles versucht?", „Hat sie das verdient?"

Rhetorische Fragen stellen

▶ Formulieren Sie Fragen, die Sie dann selbst beantworten: „Hat er das gewollt? Nein, das hätte er niemals gewollt!", „Was hätte das bedeutet? Das hätte bedeutet, daß …", „Wie können wir darüber hinwegkommen? Ich weiß es auch nicht!"

▶ Bringen Sie sich selbst mit ins Spiel – im Sinne eines expressiven Stils: „Das macht mich ratlos, ich habe keine Worte dafür …", „Bei dieser Gelegenheit habe ich wieder gespürt, wie weh es tut, allein zu sein."

Sich selbst ins Spiel bringen

▶ Vor allem aber: Ziehen Sie Ausdrucksweisen, die Sie im direkten Gespräch verwenden würden, schriftlichen Formulierungen vor. Ein bewährtes Hilfsmittel: Tun Sie so, als führen Sie ein Gespräch mit dem einen oder anderen der Trauergäste. Wie würden Sie sich dann ausdrücken?

Die gesprochene Sprache benutzen

Memorieren

Memorieren heißt im Idealfall, eine Rede perfekt auswendig zu lernen. Der Idealfall ist schwierig und selten. Immerhin haben Sie ja Ihren sorgfältig geschriebenen, gut lesbaren Redetext. Also, wo ist das Problem?

Wenn Sie einen Ihnen unbekannten Text vorlesen, selbst wenn es ein Märchen ist, wird man immer das Gefühl haben: Das ist nicht Ihr Text! Sie lesen ihn nur vor! – egal wie gut Sie das können. Wenn also eine Rede bei den Zuhörern als IHR Text „ankommen" soll, muß er Ihnen *optimal vertraut* sein. Wie läßt sich diese Vertrautheit erreichen? Indem Sie sich den Text systematisch einprägen, ihn *verinnerlichen.*

Das Gefühl entwickeln: Das sind meine Formulierungen

Den Redetext abschnittsweise auswendig lernen

Sie können einen Text natürlich nur abschnittsweise lernen. Wie groß die Abschnitte sind, hängt vom Trainingsgrad Ihres Gedächtnisses ab. Probieren Sie es aus. Sie lesen beispielsweise einen Satz und versuchen dann, ihn wiederzugeben, ohne aufs Blatt zu schauen oder mit geschlossenen Augen. Wenn der erste Satz „sitzt", nehmen Sie sich den nächsten vor. Und so geht es weiter – Satz für Satz, Absatz für Absatz. Ist Ihr Gedächtnis gut trainiert, können Sie gleich mit größeren Einheiten anfangen. Arbeiten Sie mit *Gedächtnisstützen* (Eselsbrücken) für die Abfolge der Sätze und Absätze. Am besten ist es, wenn die Sätze eine klare logische Folge ergeben. Oder Sie merken sich die Folge der Satzanfänge. Für die Folge der Absätze haben Sie sowieso Ihr Stichwortkonzept.

Laut lesen und vortragen üben!

Wenn Sie den Text einigermaßen beherrschen, sollten Sie ihn noch mehrmals *laut lesen.* Man kann ihn auch abwechselnd laut und leise durchgehen. Beim lauten Lesen gilt es, ein paar Gesichtspunkte zu beachten, die für den Vortrag wichtig sind und die deshalb im folgenden Kapitel dargelegt werden.

Vortragen

Vor allem ungeübte Redner verbinden mit der Redesituation Angst und Unsicherheit. Die *Angst* bewirkt, daß man schnell und undeutlich spricht; man hastet durch die Rede, um „es hinter sich zu bringen". Versuchen Sie, Ihre Einstellung zu ändern! Wenn Sie schon reden, sollten Sie es *gerne* tun.

Lebendige Sprachführung

Achten Sie schon beim lauten Probelesen auf das *Tempo:* lieber ein bißchen zu langsam als zu schnell. Ein einheitliches Tempo wiederum ist langweilig. Also markieren Sie vorher durch Zeichen im Text Partien, wo Sie langsamer werden, wo schneller (z. B. a für „andante", f und ff für „forte" und „fortissimo").

Sprechtempo

Das Redetempo wird auch durch die *Pausen* beeinflußt. Der gezielte Einsatz von Pausen ist für den Erfolg Ihrer Rede durchaus wichtig. Setzen Sie – vielleicht sogar in Farbe – Pausenzeichen in Ihren Text (z. B. p = kurze Pause; P = lange Pause). Es gibt sogenannte Wirkungspausen und Erwartungspausen, also Pausen, die einen Gedanken, ein ausgesprochenes Gefühl oder eine wichtige

Pausentechnik

Formulierung bei den Zuhörern nachklingen lassen, und Pausen, die die Spannung steigern, bevor man etwas Wichtiges sagt, zu einem wichtigen Ergebnis kommt.

Für Langeweile und schwindende Aufmerksamkeit der Zuhörer ist auch eine unbewußt eingeschlagene, gleichmäßige *Tonhöhe* verantwortlich. Die Stimme neigt besonders beim Vortragen dazu, sich auf einer Tonhöhe einzupendeln und diese durchzuhalten. Sie sollten auch hier bewußt gegensteuern, also manches in tieferer, manches in höherer Stimmlage sprechen. **Tonhöhe variieren**

Auch die *Lautstärke* kann gezielt gesteuert werden. An bestimmten Stellen einer Rede steigert es die Intensität des Sprechens, wenn man leiser bzw. lauter wird. Wichtig hierfür ist eine gute *Artikulation*. Wer die Worte genau und deutlich ausspricht, den versteht man auch noch, wenn er recht leise oder sehr laut spricht. Probieren Sie es aus beim Lautlesen in der Vorbereitungsphase. **Lautstärke variieren**

Gute Artikulation beachten

Körpersprache und Blickkontakt

Neben den sprachlichen und stimmlichen Gestaltungsmöglichkeiten ist die *optische Dimension* der Rededarbietung von besonderer Bedeutung: Körperhaltung, Gestik, Mimik und der Blickkontakt.

Wenn Sie vor einer Gruppe von Menschen stehen, sollten Sie ruhig und sicher wirken (und nicht nervös von einem Bein aufs andere treten). Am besten stehen Sie mit beiden Beinen schulterbreit auseinander. Sie können aber auch ein Bein leicht vorsetzen und diese Stellung gelegentlich (nicht zu oft!) wechseln. Das Gewicht ruht dann mehr auf dem hinteren (Standbein) als auf dem vorgestellten Bein (Spielbein). **Ruhig und sicher stehen**

Die *Hände* bringt man in eine ruhige Ausgangsposition, etwa vor dem Bauch, mit leicht aneinandergelegten Fingern. Von hier aus kann die eine oder andere – angemessene! – Bewegung das Gesagte gestisch unterstreichen. Vermeiden Sie Übertreibungen (sie wirken stets lächerlich oder peinlich!) und nervöse Gebärden. **Gestik und Mimik nur sparsam einsetzen**

Um gelegentlich eine Rede halten zu können, ist es nicht erforderlich, Schauspielunterricht zu nehmen. Gestik und besonders Mimik bleiben spontanen Impulsen überlassen. Meist kann man sich auch durchaus auf den spontanen Gesichtsausdruck verlassen, wenn man sich auf das Gemeinte konzentriert und innerlich mitgeht.

Wer vor andere hintritt, um zu sprechen, sollte nicht gleich loslegen, sondern erst einmal ein paar Sekunden verstreichen lassen.

Das fördert die Aufmerksamkeit und gibt Gelegenheit, mit den Zuhörern *Blickkontakt* aufzunehmen. Wenn Sie sich die Menschen vorab ruhig ansehen, werden Sie besser den richtigen Ton für die Anrede treffen. Außerdem findet bei dieser Kontaktaufnahme quasi eine automatische Anpassung der Lautstärke statt: Schauen Sie zu den entferntest Stehenden, Ihre Stimme will diese Personen erreichen, und Sie sprechen spontan laut genug.

Mit den Augen den Kontakt zu den Zuhörern halten und gestalten

Der Blickkontakt soll bewirken, daß sich jeder angesprochen fühlt. Das hängt nun wiederum von der Entfernung zwischen Redner und Auditorium ab. Stehen Sie relativ nahe vor einem kleinen Kreis von Zuhörern, können Sie die Gunst Ihrer Blicke nur gerecht verteilen, indem Sie mal nach rechts, mal nach links oder zu den Personen weiter hinten schauen. Vermeiden Sie es, per Blickkontakt immer nur einige wenige anzusprechen und die anderen zu ignorieren. Sind Sie weiter entfernt von der Zuhörerschaft, etwa in einem größeren Raum oder Saal, kann das Publikum nicht mehr unterscheiden, wen Sie anschauen. Suchen Sie sich also jemand heraus, den Sie ansehen, damit Sie selbst eine Orientierung haben, die anderen fühlen sich dann mit im Blick.

Der Redner selbst braucht diese *Orientierung am Zuhörer.* Wenn er mit sich selbst, seinem Konzept und seinen Sätzen so beschäftigt ist, daß er die Zuhörer aus den Augen verliert, erweckt das den Eindruck, als spräche er hinter einer Glasscheibe. Er wird dann schwerlich eine wirkungsvolle Rede halten.

Verlegenheitsbewegungen und -geräusche
Manche Menschen schieben sich beim Reden von Zeit zu Zeit die Brille in die richtige Position, andere zupfen sich am Ohrläppchen, zwirbeln sich den Bart oder zupfen daran. Solche unkontrollierten, *nervös bedingten Bewegungen* sind sehr verbreitet. Sie lassen sich aber

Peinliche Angewohnheiten in den Griff kriegen

unterdrücken. Voraussetzung ist, daß Sie sich gut kennen und genau wissen, was Ihnen so durchrutscht. Dann können Sie, kurz vor Ihrem Auftritt, das Kragenzupfen, Brilleschieben oder Mit-dem-Kuli-Spielen noch einmal durchprobieren mit dem deutlichen Befehl ans Gehirn: „Dies also unterlassen!" Zumindest auf die Dauer bringt das Erfolg.

Ähnliches gilt für die „Ähs" und „Hms" – *Verlegenheitsgeräusche* beim Sprechen. Man muß erst lernen, sie sich bewußt zu machen, dann kann man sie sich auch nach und nach abgewöhnen.

Blackout! – Kein Grund zur Panik

Eine klassische Angstvorstellung beim Redehalten ist, daß man plötzlich den *roten Faden verliert* und nicht weiter weiß. Gerade hier stellen sich oft Verlegenheitsbewegungen und -geräusche, nervöse Wiederholungen, stockendes Sprechen ein. Statt dessen sollte man das tun, wovor man sich in diesem Augenblick am meisten fürchtet: schweigen! Machen Sie einfach ein nachdenkliches Gesicht, überlegen Sie, was Sie eben gesagt haben, dann wird sich der Anschluß schon einstellen. Die Hörer nehmen Ihnen ab, daß Sie nachdenken. Zur Not können Sie einen Gedanken wiederholen, noch einmal formulieren, um so die anderen an Ihrem „Denkprozeß" teilnehmen zu lassen. Riskieren Sie also eher eine zu lange Pause – an die sich später kaum jemand erinnern wird – als ein hilfloses Gestotter, das sich allen Zuhörern einprägen muß!

Den roten Faden wiederfinden

Mut zur Pause!

Drei goldene Regeln für jeden Redner

1. Stellen Sie sich, so gut Sie können, auf Ihre Zuhörer ein! Überlegen Sie, welche Gefühle Ihre Zuhörer, besonders die am meisten Betroffenen bewegen könnten, welchen Trost, welche Ansprache sie erwarten und ihnen gut tun würde. Dabei gilt es der Neigung entgegenzuarbeiten, die eigenen Emotionen und Absichten auch den anderen zu unterstellen. Man sollte vielmehr versuchen, von sich selbst ein wenig abzusehen. Gelingt das, werden Ihre Worte wirklich „ankommen".

Sich ganz auf die Zuhörer einstellen

2. Wenn Sie sich also in die Situation der Zuhörer einfühlen können, sprechen Sie diese Gefühle an, soweit Sie sich damit identifizieren können. Man muß spüren, daß Sie „dahinterstehen" und es ernst meinen!

Hinter dem stehen, was man sagt

3. Beachten Sie, welche Rolle Sie als Redner und Mensch für Ihre Zuhörer spielen! Berücksichtigen Sie, was man von Ihnen hören will, soweit Sie das verantworten können. Die Hörer sollten auch spüren, welchen Kontakt Sie zu ihnen haben. Und: Tappen Sie nicht in die „Ego-Falle": Viele Redner können der Versuchung nicht widerstehen, insgeheim oder gar allzu deutlich Selbstdarstellung zu betreiben!

Die Beziehung Hörer – Redner berücksichtigen

Mustertexte für verschiedene Situationen

Sich einlesen, um die Schreiblust zu aktivieren

Die folgenden Musterbriefe und -reden sollen in erster Linie Anregungen geben und Variationsmöglichkeiten zeigen. Es empfiehlt sich also, möglichst viele zu lesen, um in die richtige Schreib- und Sprechhaltung hineinzukommen, die dann das eigene Formulieren in Gang setzt. Das funktioniert wie die altertümlichen Gartenpumpen, in die man erst etwas Wasser hineinschütten muß (damit die Dichtungen schließen), um Wasser fördern zu können.

Formelhaftes übernehmen oder abändern

Jede Rede enthält aber auch *formelhafte Passagen,* besonders für die Abschnitte „Anrede", „Klage", „Trost", die in der einen oder anderen Form übernommen werden können. Auch am Aufbauschema und der Art der Würdigung kann man sich orientieren. Die individuellen Lebensumstände, die Biographie und alles, was das persönliche Verhältnis zu den Verstorbenen und den Angehörigen betrifft, sehen natürlich von Fall zu Fall ein wenig anders aus. In dieser Hin-

Anregungen für die Gestaltung des eigenen Textes

sicht wollen die Musterreden und Musterbriefe gerade *Beispiele* geben, wie man diesen individuellen Situationen gerecht werden kann. Sie lassen sich – grob gesagt – nicht abschreiben oder übernehmen, sondern wollen helfen, die jeweils passende Rede, den passenden *eigenen* Brief zu gestalten.

Reden und Briefe
im familiären Bereich

 Rede zum Unfalltod eines jungen Mannes

Liebe Gisela, liebe Verwandte und Freunde, verehrte Mittrauernde, die Sie sich hier mit einschließen in den Kreis der Betroffenen!

Es spricht der Onkel

Liebe Gisela, ich möchte deinen Wunsch erfüllen und als Onkel unseres geliebten Tobias ein paar Worte sprechen, so schwer mir das auch fällt. Wir wollen – wenn wir schon Abschied nehmen müssen – diesen Abschied nicht auch noch stumm über uns ergehen lassen, wir wollen sagen, was uns bewegt.

Motive des Redners

Wir müssen so plötzlich Abschied nehmen von unserem lieben Tobias, und wir empfinden das als völlig unmöglich. Er ist noch so lebendig in unserer Vorstellung und Empfindung, als müßte er jeden Augenblick zur Tür hereinkommen und sagen: „Hier bin ich!" Wir wissen, daß das nie mehr geschehen wird – aber wir können es mit unseren Gefühlen nicht begreifen.

Klage: ein Tod, unverhofft und schnell

Alles ging so schnell, daß es mir vorkommt wie ein schlimmer Traum, der mit dem Aufwachen verschwindet. Tatsächlich sind wir jäh aufgewacht, aufgeschreckt. Was wir gerne für einen Alptraum hielten, ist bittere Wirklichkeit.

Das Leben schwindet im Maß seiner Geschwindigkeit – und die Faszination durch Schnelligkeit und Geschwindigkeit ist auch das, was uns unseren Tobias geraubt hat.

Geschwindigkeit als allgemeines Thema, als Leitfaden der Rede

Rennräder, Autorennen, Motorräder, schnelle Jets, Raketen, all das hat Tobias schon von früh auf in den Bann der Geschwindigkeit geschlagen, als deren Opfer wir ihn heute beklagen. Dabei war er eigentlich ein stilles, ruhiges Kind. Er konnte stundenlang seine Modellflugzeuge und -fahrzeuge zusammenbasteln und liebevoll bemalen. Auch als er dann größer wurde, war er keiner von den lauten oder gar vorlauten Jungen, er war kein Sportler, beileibe kein Schnelläufer. Er wirkte eher versonnen, ruhig und ausgeglichen.

Lebensskizze des Verstorbenen: seine Motorradbegeisterung ...

Aber schon früh versuchte er seinen Traum, ein eigenes Motorrad zu besitzen und zu fahren, zu verwirklichen. Ich erinnere mich noch daran, wie Tobias acht Jahre alt war und ein gleichaltriger Freund aus den Ferien mit seinen Eltern aus Spanien zurückkam. Dieser Junge zeigte Fotos, wie er auf einem echten, funktionierenden Kindermotorrad saß. Die Eltern hatten in Spanien ein großes Grundstück, und auf diesem Privatgelände war es möglich, daß ein Achtjähriger mit dem Motorrad herumkurven konnte. Für Tobias stand nun fest: So ein Motorrad wollte er unbedingt haben!

Es hat dir, Gisela, und deinem Mann, der damals ja noch lebte, viel Mühe bereitet, dem Kind diesen phantastischen Wunsch auszureden. Aber irgendwie kam die Idee immer wieder auf. Mit 16 wollte er mindestens ein Moped haben. Er hat das gegen den Widerstand der Familie und auch gegen meinen, wie ich gestehen muß, nicht durchsetzen können. Klar, daß er sofort den Motorradführerschein machte, als er 18 wurde, und er hat dann gejobbt und gespart, bis er sich seine BMW 500 anschaffen konnte.

... das erste eigene Motorrad ...

Schließlich hatte sich die ganze Familie damit abgefunden. Und wir sahen vor allem auch das Positive: mit wieviel Liebe er die Maschine wartete und pflegte, mit wieviel Mühe und Sorgfalt er alle Reparaturen selbst durchführte, mit wieviel Freude er die Motorradklubfahrten plante und organisierte. Das war sein Lebensinhalt neben seiner Berufsausbildung zum Kfz-Mechaniker, es war sein eigentliches Leben, und deshalb muß auch hier und heute davon die Rede sein.

... die Berufswahl: Kfz-Mechaniker

Die Rede soll aber auch sein von dir, Gisela! Du hast deinen Jungen mit so viel Verständnis und Liebe erzogen. Er war so sehr ein Teil deines Lebens, besonders nach dem Tode von Kurt, daß wir immer großen Respekt empfanden, wie du neben der anspruchsvollen Berufstätigkeit in deiner Firma noch so viel Zeit und Energie aufbringen konntest.

Die besondere Bindung der Mutter an den Sohn, Würdigung ihrer Leistung

Du hast nun die Hauptlast an Schmerz, Verzweiflung und Trauer zu tragen. Aber du weißt: Wir alle sind im Schmerz bei dir. Dieser Schmerz schließt uns mit dir zusammen, und in diesem Schmerz werden wir dir die nächsten Tage und Wochen beistehen, wann immer und wie immer du es für richtig befindest.

Das Zusammenstehen im Schmerz

✉ **Eine befreundete Familie kondoliert der Mutter**

Liebe Frau Rademaker,

Erfahren der Todesnachricht

aus unserem jährlichen Urlaub in Spanien zurückgekehrt, finden wir diese Schreckensnachricht in unserer Post. Wie konnte das passieren? Tobias war ein so guter und vorsichtiger Motorradfahrer.

Wir haben ihn unserem Markus immer als Beispiel vorgehalten. Ausgerechnet er! Es ist schwer faßbar! Wie können Sie das, liebe Frau Rademaker, alles nur durchstehen? Sie haben einen solchen Schicksalsschlag am wenigsten verdient.

Eigentlich waren Sie immer gegen die Motorradleidenschaft unserer Söhne. Sie haben – das rechnen wir Ihnen hoch an – auch auf unseren Sohn einzuwirken versucht, um beide von diesem gefährlichen Hobby abzubringen. Machen Sie sich also auf keinen Fall irgendwelche Vorwürfe! Ihre Schuld ist es bestimmt nicht! Eher hatten mein Mann und ich in dieser Hinsicht eine etwas lockere Einstellung. Aber wer hätte die Jungen von ihrer Leidenschaft abhalten können? Wer hätte ahnen können, daß so etwas passiert?

Moralischer Zuspruch in der Schuldfrage

Liebe Frau Rademaker, wir fühlen mit Ihnen, als hätte es uns selbst getroffen. Auch unser Markus ist plötzlich wie verändert – unzugänglich, abweisend und wortkarg. Er möchte seine Gefühle nicht zeigen. Wir aber sprechen fast von nichts anderem und möchten Ihnen sagen, wie sehr wir mit Ihnen leiden und trauern. Es fällt uns schwer, Worte des Trostes zu finden, denn wir sind selbst untröstlich, daß wir Tobias nie wiedersehen werden.

Betroffenheit und Mitempfinden von Sohn und Eltern

Ihre Walters

 ### Der älteste Sohn spricht am Grab des Vaters

Liebe Mittrauernde, sehr verehrter Herr Dekan!

Im Namen unserer Mutter und der Familie danke ich Ihnen von Herzen für diese bewegende Ansprache. Sie haben mit Ihren Worten unserem verstorbenen Vater die Würde angedeihen lassen, die er verdient, und Sie haben uns Trost gegeben, dessen wir in dieser Stunde so sehr bedürfen.

Anknüpfung an den Vorredner und Dank

Einen willkommenen Trost bedeuten auch Sie alle, die Sie gekommen sind, die Sie mit uns trauern, mit uns den Sarg an diese offene Gruft begleitet haben und mit uns von ihm Abschied nehmen: Verwandte, Freunde, ehemalige Kolleginnen und Kollegen und Schüler, die Sie alle ihm diese, wie man zu Recht sagt, „letzte Ehre" erweisen.

Einbeziehung aller Mittrauernden

Betroffenheit vom Tode macht stumm, und ich empfinde eigentlich das Bedürfnis, schweigend Abschied zu nehmen. Aber Schwei-

Motivation zum Halten der Rede

gen wäre nicht im Sinne unseres Vaters, der sein Leben als Lehrer der deutschen Sprache gewidmet hat. Und so muß man sich beredt machen, wie er uns beredt gemacht hat, indem er uns, meinen Bruder und mich, in jeder Situation unseres Lebens in einem positiven Sinne dieses Ausdrucks „zur Rede stellte", uns dazu brachte, Rechenschaft abzulegen, über die Dinge zu sprechen, um mit ihnen zurechtzukommen.

Das schwierige Verhältnis zwischen Vater und Söhnen

Er hat es sich mit uns wie mit seinen Schülern nicht leicht gemacht, und wir haben es ihm auch nicht leicht gemacht, mit seinen Söhnen zurechtzukommen. So haben wir gelernt zu argumentieren, versucht, ihm im Formulieren gleichzukommen, waren gezwungen, unseren Scharfsinn zu trainieren. In diesem Wettstreit hat er nie aufgegeben, und wir haben deshalb nie aufgehört, von ihm zu lernen.

Dieser Abschied ist ein schwieriger Abschied, wie ja das Vater-Söhne-Verhältnis ein schwieriges war. Vielleicht hätten beide Parteien es nicht so ins Positive wenden können ohne die unermüd-

Die harmonisierende Rolle der Mutter

liche und verständnisvolle Vermittlungstätigkeit unserer Mutter, die unentwegt in beiden Richtungen diplomatisch engagiert war. Sie war also schon immer und ist erst recht heute, nach einem langen, erfüllten Eheleben, die Hauptleidtragende.

Was hat diesen Mann so hart, so konsequent und so streitbar gemacht? Es war ein Leben voller Härten, mit vielen schwierigen Zeitabschnitten und Situationen, die ihn geprägt haben.

Lebensskizze des Verstorbenen: Jugend

Geboren in karge Verhältnisse hinein, bekam er in seiner Kindheit die mageren Jahre des Ersten Weltkrieges und der Folgezeit zu kosten. In mit Zeitungspapier ausgestopften Erwachsenenschuhen ist er zur Schule gestapft. So lernte er den Wert der selbstverständlichsten Dinge, wie Essen und Kleidung, schätzen und hat deshalb auch später nie die sorglos-unverantwortliche Gesinnung der Überfluß- und Wegwerfgesellschaft akzeptieren können.

Schule und Studium

Als Schüler begabt und aus Not und Überzeugung fleißig, machte er das, was man eine Schülerkarriere nennt. Der Lohn war, daß er als Stipendiat des Deutschen Volkes studieren konnte.

Bis heute imponiert mir seine Vielseitigkeit: einerseits der fleißige, zielstrebige Schüler und Student, andererseits das weltoffene, naturverbundene Leben als „Wandervogel" und Sportler. Einerseits ein Studium der englischen und deutschen Philologie und der Geschichte, andererseits die Ausbildung zum Sport- und Ruderlehrer. Auch seine Promotion über ein volkskundliches Thema zeigt dieses Interesse am konkreten Geist, an populärer Kultur, Kunst und Musik.

Aber dann traf ihn wieder die Härte der Zeit. Der Zweite Weltkrieg zerstörte das wissenschaftliche Forschungsprojekt, das im Anschluß an seine Doktorarbeit ins Leben gerufen werden sollte, raubte ihm den besten Freund und akademischen Mitstreiter noch in den letzten Kriegstagen. Der Krieg riß ihn auch aus der gerade geschlossenen und mit einem ersten Sohn beschenkten Ehe, bescherte ihm eine brutale Kriegsgefangenschaft mit einer beinahe tödlichen Krankheit.

Der schicksalbestimmende Weltkrieg

Nach dem Krieg mußte er wieder ganz unten anfangen. Die Zeit der sogenannten Entnazifizierung bedeuteten für den idealistisch und eher kritisch eingestellten „Mitläufer" Berufsverbot und zwei Jahre Arbeit in einer Holzfabrik, wo er Kleiderbügel und Fußmatten herstellen mußte. Dann folgte eine mehrmonatige Tätigkeit als Waldarbeiter, bevor er in Wiesbaden wieder Anstellung als Gymnasiallehrer fand.

Die Schwierigkeiten der Nachkriegszeit

Für die inzwischen vierköpfige Familie besserte er die kargen Mahlzeiten auf, indem er, handwerklich begabt wie er war, Holzteller und Schalen schnitzte und bemalte und Gratulationskarten in Kunstschrift herstellte. Sein Bedürfnis nach künstlerischer Gestaltung trieb ihn auch in seiner weiteren Tätigkeit als Lehrer über das Pflichtgemäße hinaus. So gründete er die bis heute bestehende Schüler- und Laienspielbühne seines Gymnasiums, schuf eine gut eingerichtete feste Bühne mit einem umfangreichen Fundus und führte über Jahre hinweg erfolgreich Stücke mit seinen Schülerinnen und Schülern auf. Außerdem übernahm er in seinen letzten Dienstjahren noch die verantwortungsvolle Aufgabe der Referendarausbildung.

Berufliche Leistungen

Zur Ruhe gekommen und ein bißchen mehr in den Genuß des Lebens ist er erst nach seiner Pensionierung. Den Rheingau als Wein- und Kulturlandschaft durchwanderte und durchkostete er, ohne dessen überdrüssig zu werden. Reisen und Erholungsurlaube konnte er sich und unserer Mutter fast bis ins letzte Jahr gönnen.

Ruhe nach der Pensionierung

Die Härte, mit der ihn das Leben begrüßte und begleitete, traf ihn dann wieder, als er es verlassen mußte. Er hat sich jäh gewehrt gegen das Abnehmen der Kräfte, gegen die Einschränkung der Möglichkeiten in der letzten Phase seines Lebens. Auch in den

Das Ende: kein leichter Tod!

letzten Wochen noch hat er immer wieder aufbegehrt gegen die Zwänge der medizinischen Versorgung. – Wie er kein leichtes Leben hatte, so hatte er auch keinen leichten Tod. Eine große Hilfe und ein starker Trost muß es aber für ihn gewesen sein, daß unsere Mutter ihn bis an den Rand ihrer Kräfte versorgte und pflegte und Tag für Tag an seinem Bett ausharrte und ihm ihre Liebe zeigte.

Trauer, Schmerz, Verbundenheit mit dem Vater

Unser Vater hat die letzte Stufe des Lebens, das Sterben, tapfer durchkämpft, und wir wünschen ihm, daß der Tod ihm Ruhe und Erlösung gebracht hat. Über allen Schmerz und die Trauer hinweg bleibt uns das Gefühl einer starken Verbundenheit. Wir werden unseren Vater in lebendiger Erinnerung behalten und über ihn noch viel nachzudenken haben.

 ## Brief einer Bekannten (Witwe) an die hinterlassene Ehefrau

Liebe Frau Böhl,

mit wenigen Zeilen möchte ich Ihnen versichern, wie sehr ich in diesen für Sie so schweren Tagen an Sie denke und mit Ihnen fühle.

Die eigene (momentane) Situation

Leider bin ich zur Zeit durch eine schwere Bronchitis ans Bett gefesselt und kann nicht – wie ich das gerne gewollt hätte – an der Beerdigung Ihres Mannes teilnehmen. Sobald es mir besser geht, werde ich mich bei Ihnen für einen Besuch anmelden, damit wir miteinander reden können.

Respekt und Mitempfinden (aus eigener Erfahrung)

In den letzten Monaten und Wochen haben Sie Ihren Mann so tapfer und aufopfernd betreut, und nun müssen Sie noch tapferer sein und nach so vielen gemeinsamen Jahren den endgültigen Abschied ertragen. Ich bin noch nicht so lange Witwe, daß ich nicht mehr empfinden könnte, wie sehr das schmerzt. Vor drei Jahren ist mein Mann gestorben, doch das Gefühl der Trennung ist plötzlich immer wieder da, so als wäre es erst gestern passiert.

Erinnerung an gemeinsame Unternehmungen

Mein Mann und ich haben mit Ihnen und Ihrem Mann so viele schöne, anregende Stunden verlebt, die Lesungen im Kurhaus, die gemeinsamen Wanderungen, die lustigen Faschingsfeste Jahr für Jahr, daß ohne dies alles unser Leben ärmer gewesen wäre.

Aufmunternder Appell ...

Liebe Frau Böhl, ich denke, wir müssen nun noch fester zusammenhalten und uns gegenseitig beistehen, um das Leben der späten Jahre alleine, ohne den Gefährten, zu meistern.

Natürlich denke ich immer wieder, wie es Ihnen wohl gehen mag, wie Sie das alles ertragen. Seien Sie versichert, daß ich mich bei Ihnen melde, sobald ich wieder einigermaßen hergestellt bin.

Mit aller herzlichen Anteilnahme
Ihre Ingrid Wilhelm

... und Anteilnahme

 Rede anläßlich der Urnenbeisetzung des Vaters

Mein lieber Vater,

ich erfülle heute meine Sohnespflicht und begleite dich auf deinem letzten Wege. Ich weiß, wie einsam und allein du in letzter Zeit warst. Es war eine selbstgewählte Einsamkeit, und ich habe sie respektiert. Aber es ist vieles, was hätte besprochen werden müssen, ungesagt geblieben. Ich nutze diese Gelegenheit, wo deine alten Freunde um deine Urne versammelt sind, um ein paar Dinge zu sagen, an denen mir liegt.

Es spricht der Sohn

Beweggrund der Ansprache

Als Sohn aus einer sehr früh geschiedenen Ehe habe ich nicht viel von dir gehabt. Das, was ich von dir hatte, hat mir sehr viel bedeutet, aber es war mir zu wenig.

Das Verhältnis zum Vater allgemein

Schon als kleiner Junge hat mich dein Beruf als Techniker und Erfinder fasziniert. An den Wochenenden, an denen ich dich besuchen durfte, hast du mir viel gezeigt und erklärt. Zu Hause habe ich dann auch angefangen zu basteln. Dann habe ich dich jahrelang nicht gesehen, weil du ins Ausland übergesiedelt bist. In der Folgezeit lebtest du mit einer anderen Frau wieder in Deutschland. Aber da war ich auch nicht so erwünscht. Um so mehr habe ich es geschätzt, daß du wieder allein lebtest, und ich des öfteren die Ferien mit dir verbringen durfte. Ich habe viel gesehen und gelernt, und ich habe mich bei dir immer wohlgefühlt. Ich wußte nicht, daß es so viele technische Museen in Deutschland gibt. Du kanntest sie alle, und du konntest mir alles erklären. Aufregend war auch, wenn ich dich auf deinen vielen Berufsreisen begleiten durfte. Es waren interessante Firmen, die du aufsuchtest, und es ging immer um geheimnisvolle technische Geräte.

Entwicklung der Beziehung infolge der Trennung der Eltern

Für alles möchte ich dir heute noch einmal danken. Mit vielen Leuten, die dich kannten, arbeite ich heute zusammen. Sie erinnern mich immer wieder an dich.

Dank an den verstorbenen Vater

**Wehmütiges
Gedenken ...**

Ich hätte gerne mehr von dir gehabt. Doch du warst ein Bastlertyp, ein Tüftler, und – das verstehe ich heute – das sind Menschen, die sich gerne zurückziehen. Leider ist auch dein Dialog mit meiner Mutter so früh abgebrochen und nicht wieder zustande gekommen. Ihr hattet euch eben nichts mehr zu sagen.

**... und noch-
maliger Dank**

Ich möchte dir zum Abschied sagen: Ich trage nichts nach, ich hege keinen Groll. Ich habe von meinem Vater nur wenig gehabt, aber das wenige war gut, und dafür danke ich dir.

 Ein Jugendfreund des Vaters kondoliert dem Sohn

Lieber Björn Malter,

**Betroffenheit und
letzte Erinnerung**

die Nachricht von der Krankheit und dem schnellen Ableben Ihres Vaters hat mich überrascht und entsetzt. Wir hatten uns noch ein halbes Jahr zuvor getroffen, und er machte einen durchaus munteren, vitalen Eindruck. Bis auf einen kleinen Schnurrbart, den er sich zugelegt hatte, war er noch ganz der alte.

Wir kennen uns seit unserer Schulzeit. Was uns verband, war aber die lange gemeinsame Zeit als Pfadfinder.

**Die Gemeinsam-
keiten in der
Vergangenheit**

Auch später, während der Berufsausbildung, haben wir uns noch oft getroffen und Erinnerungen, Gedanken und Meinungen ausgetauscht. Wir haben auch immer wieder gut zusammen gefeiert. So alte Jugendfreundschaften sind irgendwie unzerstörbar. Sieht man sich nach langen Jahren wieder, ist man so vertraut miteinander wie früher.

**Schmerz über
den Tod**

Nun werden wir ihn nie wieder sehen. Das schmerzt mich sehr. Ich wäre selbstverständlich auch zur Beerdigung gekommen, aber das war aus beruflichen Gründen nicht möglich.

Sie kenne ich leider nur als kleinen Jungen, als Ihre Eltern noch zusammenlebten. Gerne würde ich Sie bei Gelegenheit wiedersehen.

**Schlußsatz:
Wertschätzung
und Trauer**

Jedenfalls möchte ich Ihnen bestätigen, wie sehr ich Ihren Vater schätzte, daß sein Tod mich schmerzlich berührt und daß ich mit Ihnen trauere.

Mit stillen Grüßen
Ihr Michael Stubeier

Gedenkrede auf die verstorbene Mutter

Liebe Schwestern, ihr Lieben alle, die ihr hier mit uns den letzten Abschied von unserer Mutter nehmt,

ich spreche zu euch, obwohl auch mich die Trauer und der Schmerz eher sprachlos machen. Aber ich möchte unserer Mutter eine letzte Freude machen – eine fiktive Freude, ich weiß. Doch sie hat sich immer so gefreut, wenn an ihrem Geburtstag oder aus einem anderen festlichen Anlaß jemand aufstand – so wie früher unser Vater, der darin Meister war – und eine kleine Rede hielt.

Unsere Mutter starb in einem sehr hohen Alter nach einem reichen und erfüllten Leben. Sie starb, weil jeder einmal sterben muß. Aber ist sie deshalb einfach tot? Was heißt schon „tot"? Wir sind ja alle hier nur ihretwegen versammelt. Sie ist auch jetzt noch die Mitte, unser Denken und Fühlen ist ganz auf sie gerichtet. Und sie wird weiterleben. Wir alle haben an ihrem Leben mehr oder weniger teilgenommen, und dieser Teil wird in uns weiterexistieren. Jeder von uns wird erkennen, und wird es vielleicht erst mit der Zeit ganz erfahren, was diese Frau für ihn bedeutet hat.

Nur ein paar grundsätzliche und wichtige Aspekte möchte ich anführen. Sie war für Kindheit und Jugend – im Guten wie im Bösen – das Maß, an dem man sich messen mußte. Das war oft schwierig, denn sie war immer sehr entschieden und bestimmt, oft eigenwillig, verletzlich, aber auch versöhnlich. Sie hat auch gewußt, daß es manchmal nicht ganz einfach war, mit ihr zurechtzukommen, und sie hat es immer besonders geschätzt, wenn jemand sie zu nehmen verstand, wie sie nun einmal war.

In erster Linie war sie Mutter, und zwar keine der heutigen Verwöhnmütter, die aus schlechtem Gewissen ihren Kindern alles erlauben. Sie war eine strenge Erzieherin, immer darauf bedacht, alles Schädliche von ihren Kindern fernzuhalten, zu allem Guten anzuregen und hinzuführen. Wir hörten von ihr öfter ein „Nein" als ein „Ja", und vieles, was wir uns wünschten oder erlaubt bekommen wollten, mußten wir uns hart erkämpfen. Aus heutiger Sicht kann ich sagen: Es hat uns eher genutzt als geschadet.

In den Jahren als wir – kriegsbedingt – ohne Vater auskommen mußten, hat sie auch die Vaterrolle übernommen, uns vor den Gefahren der Zeit in Sicherheit gebracht, Unterkunft und Nahrung organisiert. Viel Mut und Geschicklichkeit hat sie dafür auf-

Es spricht die Tochter

Situation der Rednerin und ihr Grund zu sprechen

Trotz des Todes ist die Mutter in der Mitte ihrer Lieben

Was die Mutter für die Töchter bedeutete

Eine strenge Erzieherin

Würdigung der Leistungen in Kriegs- und Nachkriegszeit

gebracht. Später hat sie dafür gesorgt und es möglich gemacht, daß Vater uns ein Haus bauen konnte. So stellte sie sich immer jeder Herausforderung einer neuen Lebenslage, und wenn das Schicksal ihr keine neuen Aufgaben stellen wollte, so stellte sie sich diese selbst. Es war ihr Lebensbedürfnis, unentwegt tätig zu sein.

Die Mutter vermittelte ihr Erleben, ihr Wissen und ihre Interessen

So wird sie in uns weiterleben, auch weil sie das so wollte. Immer war sie bemüht, alles, was sie sah, entdeckte, als schön und nachahmenswert empfand, anderen mitzuteilen. Im Kleinen wie im Großen. Ob das Ernährungstips, Gesundheitsratschläge, praktische Neuheiten, Reiseerlebnisse, musikalische, literarische oder andere künstlerische Vorlieben und Entdeckungen waren, ob es um Lebensgrundsätze ging – immer hat sie alles, so wie sie es erlebte, verstand und schätzte, lebendig übermittelt und versucht, dafür zu begeistern.

Ihre Hobbys: Reisen, Kunst, Kultur, Musik

Zahlreiche Reisen mit unserem Vater führten sie zu den wichtigsten Stätten europäischer Kunst und Kultur. In ihm hatte sie zudem einen fachkundigen Führer, der ihrem nie müde werdenden Interesse und ihrer stetigen Neugierde gerecht werden konnte. Auch nach Vaters Tod sorgte unsere älteste Schwester dafür, daß sie weiterhin solche Reisen unternehmen konnte. Immer waren die Ziele kulturelle und landschaftliche Schönheiten und Berühmtheiten. Regelmäßig besuchte sie Schauspiele, Opern, vor allem Konzerte. Bis in ihre letzten Tage ließ sie sich das nicht nehmen.

Die Sorge für die Enkel

Von ihrem reichen Leben haben nicht nur wir Töchter profitiert. Es kam auch unseren Kindern zugute, denn sie war eine engagierte Großmutter und glücklich über jedes weitere Enkelkind. Ein Kind war ihr immer ein Beweis, nicht umsonst gelebt zu haben. Sie hat sich um alle gekümmert, sich um jeden gesorgt, und so wurde sie auch von allen geliebt und geschätzt.

Die besondere Liebe zu Natur und Garten

Als dann auch die Enkelinnen und Enkel ihrer immer weniger bedurften, galt ihre Liebe den Blumen und dem Garten. Sie hegte und pflegte und verfolgte Wachstum und Gedeihen von Tag zu Tag, von Woche zu Woche den Jahreslauf hindurch. Kam jemand zu Besuch, wurde er oft erst einmal zu einer Gartenführung eingeladen, bei der die Schützlinge enthusiastisch vorgestellt und kommentiert wurden.

Zusammenfassung: der Lebenszweck der Verstorbenen

Leben zu fördern, zu pflegen, das Schöne in der Natur und in der Kunst zu genießen und auch anderen die Augen dafür zu öffnen, dafür hat sie gelebt. Sie hatte ihren Beruf als Lehrerin aufgegeben, um sich ganz ihren Kindern widmen zu können, sie hat sich für den Zusammenhalt von Familie und Verwandtschaft eingesetzt und diesen Familiensinn bei ihren Kindern und Enkeln geweckt und verstärkt.

So hat sie ihr reiches und vielfältiges Dasein allen mitgeteilt und auch unser Leben reich und vielfältig gemacht. Dafür werden wir ihr immer dankbar sein. Ihr lebendiges Erinnerungsbild – sie in ihrem Häuschen, mit ihren Blumen, ihrer Lieblingsmusik und ihren Lieblingsbildern als Mittelpunkt ihrer Kinder und Enkel, der Familie und der Verwandtschaft – dieses Bild wird in uns fortwirken und weiterleben.

Ihr Weiterleben im lebendigen Erinnerungsbild

 Ein Vetter aus dem Ausland kondoliert den Töchtern

Liebe Cousinen,

die Sterbeanzeige Eurer lieben Mutter hat mich hier in Argentinien mit einiger Verspätung erreicht. Ich schreibe also sofort und sage Euch mein allerherzlichstes Beileid. Ich trauere mit Euch um diese Frau, von der man eigentlich den Eindruck hatte, daß sie nie sterben würde. Sie war so rüstig und lebensfroh in ihrem hohen Alter, daß sie alle Jüngeren unter den Älteren darum beneideten. Auch ich würde mich glücklich schätzen, wenn mir ein solch hohes und gesundes Alter beschieden wäre.

Reaktion auf die Todesanzeige

Besondere Wertschätzung für die Verstorbene

Trotzdem ist auch dieser Abschied schmerzlich, besonders für Euch, die Ihr so eng und lange mit ihr zusammengelebt habt, für die sie auch die Großmutter Eurer Kinder war, und Urgroßmutter ist sie ja auch noch geworden.

Teilnahme am Schmerz der Cousinen

Zu einem großen Teil ist es ihr Verdienst, daß unsere Familie so gut zusammenhält und sich immer mal wieder versammelt. Ich bedaure es deshalb besonders, daß ich bei der Beerdigung nicht dabei sein konnte, wo Ihr andern Euch sicher fast alle getroffen habt. Im Sommer werde ich auch wieder zurück sein, dann werden wir uns sehen. Im Augenblick nimmt mich meine Arbeit hier voll in Anspruch.

Hinweis auf die Verdienste der Verstorbenen

Es grüßt Euch herzlich
Euer Vetter Alfons

Rede bei der Beerdigung eines 17jährigen Mädchens

Es spricht der Stiefvater

Liebe Maja (Ehefrau), liebe Verwandte, liebe Mittrauernde!

Es fällt mir schwer, jetzt das Wort zu ergreifen, doch ich möchte nicht, daß wir unsere Daniela wortlos zu Grabe tragen. Eine Beerdigung vollzieht sich unaufhaltsam und ordnungsgemäß, man wird mitgezogen, und dann ist alles vorbei. Wir wollen noch ein paar Augenblicke innehalten.

Verzweifelte Klage über den Tod einer 17jährigen

Daniela ist gestorben an dieser fürchterlichen Krankheit, und wir wollen sie noch immer nicht hergeben. Wir können uns nicht damit abfinden. Das ist nicht sehr weise, aber es ist so!

Warum muß ein Mensch schon mit 17 Jahren sterben? Warum vor allem muß ein so liebenswerter Mensch, begabt und intelligent, mit besten beruflichen und sozialen Chancen, aus dem Leben gerissen werden, das reich, schön und glücklich geworden wäre? Natürlich kann uns darauf niemand eine Antwort geben. Die Antwort ist nur: So kann es kommen! So ist es nun einmal!

Betonung der Untröstlichkeit

Warum sind wir – meine Frau und ich und unser kleiner Sohn – so untröstlich und auch nicht bereit, uns trösten zu lassen über Danielas Tod? Wer sie kannte, wußte, wer und wie sie war, wird das verstehen.

Beziehung zur Stieftochter und Respekt vor ihrer Rolle in der Familie

Sie ist nicht meine leibliche Tochter, und doch hätte ich mir nie eine bessere Tochter wünschen können. Nicht nur, daß wir uns persönlich phantastisch verstanden, sie hat für unseren Sohn, wann immer meine Frau beruflich gefordert war, an Stelle der Mutter gesorgt. Das wird ihr nicht immer leicht gefallen sein. Oft mußte sie ihrem Freund absagen, wenn sie durch das Baby ans Haus gefesselt war. Doch hat sie sich nie beklagt und diese Aufgabe gerne und liebevoll übernommen. Sie hat sich trotzdem nichts entgehen lassen, was zu einem Leben in ihrem Alter gehört, war mit Freundinnen und Freunden unterwegs, feierte Partys, machte Erfahrungen, die sie brauchte. Ein ganz normaler Teeny also, der mit guten Erfolgen die Schule besuchte. Da gab es nie Probleme.

Ihr Talent, die typischen Probleme

Ihr auffallendes zeichnerisches Talent und die Kurse, die sie deshalb besuchte, nahmen auch viel Zeit in Anspruch. So war ihr junges Leben eigentlich sehr ausgefüllt. Natürlich gab es die für diese Entwicklungsphase typischen Probleme, die zu Konflikten und Auseinandersetzungen führten. Wir hätten es da gerne manchmal etwas einfacher gehabt. Doch alle Schwierigkeiten und Probleme wären uns heute willkommen, wenn sie nur noch leben könnte!

Ich spreche es offen aus: Wir sind unglücklich. Sie ist für unser Verständnis sinnlos gestorben.

Unbegreiflichkeit dieses Todes

Allen, die heute mit um ihren Sarg versammelt sind, möchte ich herzlich danken, daß sie mit uns die letzten schweren Schritte gehen, allen, die unserer Daniela diese letzte Liebe erweisen.

Dank an die Anwesenden

Daniela wird uns für den Rest unseres Lebens täglich fehlen, und ich bin sicher, daß sie auch anderen fehlen wird.

Ich wünschte, ich hätte die Worte, meinen Schmerz hörbar zu machen. Die Sprache kann nicht wiedergeben, was ich fühle und wie sehr ich leide.

Ausdruck der Sprachlosigkeit und des Schmerzes

 Eine Geschäftspartnerin schreibt der Mutter

Liebe Frau Gleis,

mit Entsetzen habe ich die Nachricht vom Tod Ihrer lieben Tochter Daniela erhalten. Wie schrecklich muß das für Sie und Ihren Mann sein! Ich weiß, daß trostreiche Worte Ihnen jetzt sehr belanglos klingen müssen, aber mir liegt daran, Ihnen zu sagen, wie tief berührt ich bin. Ich habe Ihre Tochter ja nur zwei- oder dreimal kurz gesehen und gesprochen, aber das genügt, um zu wissen, was für ein liebenswertes Mädchen sie war. Die Größe des Verlustes kann ich nicht ermessen, und ich will das auch gar nicht erst versuchen.

Reaktion auf die Todesnachricht

Ausdruck des tiefen Mitgefühls

In Gedanken bin ich oft bei Ihnen. Ich wünsche Ihnen, daß die Kraft und Beharrlichkeit, die ich in unserer geschäftlichen Zusammenarbeit immer an Ihnen bewundern konnte, Ihnen auch jetzt hilft, diesen Schicksalsschlag zu ertragen.

Anteilnahme und gute Wünsche

In der Trauer, die auch mich erfüllt, spreche ich Ihnen mein Beileid aus.

Kondolenzformel

Ihre Beate Kornfeld

Reden und Briefe im Freundeskreis, in Vereinen etc.

 Rede am Grab der 28jährigen Anja S.

Es spricht ein Studienkamerad

Liebe Anja,

ich spreche zu dir, auch wenn mein Verstand mir sagt: Du wirst mich nicht mehr hören. Ich will aber zu dir sprechen, weil mir heute klar ist: Wir hätten viel mehr miteinander sprechen müssen, wir hätten so vieles zu bereden gehabt.

Direkte Ansprache der Verstorbenen

Jetzt bist du in deine Dorfgemeinde heimgekehrt, aus der du gekommen bist, zurück zu deinen Brüdern, zu deiner untröstlichen Mutter. Sie mußte hier schon deinen Vater beerdigen, und wir wissen, daß auch du seinen Tod nie ganz verkraftet hast. Vielleicht wolltest du auch deshalb weg von hier, hast versucht, dich vom Elternhaus zu lösen. Du wolltest dir einen eigenen Weg in die große Welt bahnen, und den mußtest du dir hart erarbeiten.

Der Tod als Rückkehr in die Heimatgemeinde

Deine Freunde und Kameraden, für die ich hier spreche, haben deinen Fleiß und deine Strebsamkeit immer bewundert und als Bestätigung empfunden, auch auf dem richtigen Weg zu sein. Dieser Weg war, wie gesagt, nicht leicht: arbeiten, Geld verdienen, daneben das Abendgymnasium mit Hausaufgaben, mit lernen, lesen und diskutieren. So waren wir, wie du, alle stolz, als wir das Abitur endlich in der Tasche hatten und an ein Studium denken konnten. Du hattest noch eine zusätzliche Ausbildung mit Examen an einer Sprachenschule absolviert und bist für ein Jahr nach Amerika gegangen. Es war wirklich die große, weite Welt, die dich faszinierte.

Charaktereigenschaften und Suche nach dem richtigen Lebensweg

Als du dann zurückkamst, selbstbewußter geworden, offen und vielseitig interessiert, haben wir zusammen Soziologie studiert. Ich vergesse nie, wie du an deinem ersten Referat über Rollentheorie gesessen hast. Das war ein Problem mit den vielen neuen Begriffen, dem Soziologendeutsch. Du hattest immer neue Fragen an uns, die wir ja zwei Semester voraus waren. Du warst sehr gründlich, wolltest alles auf Anhieb verstehen und alles richtig machen. Und dann so deine Eigenheiten: Kohlgeruch in der Mensa schlug dich in die Flucht, oder wie du dich aufregen konntest darüber, daß manche Studentinnen etwas nachlässig gekleidet waren. Du legtest Wert

Erinnerungen an das gemeinsame Studium

auf gute Klamotten, soweit du sie dir leisten konntest. Denn auch im Studium mußte Geld verdient werden mit Jobs bei verschiedenen Firmen, die du oft wechseltest. Auch da hast du Erfahrungen gesammelt, manche Enttäuschung erlebt, denn du warst leicht unzufrieden mit dir und deiner Umwelt.

Miteinander verbunden hat uns das gemeinsame Lernen und Arbeiten, verbunden haben uns aber auch die Partys und Feten, die wir gefeiert haben. Du warst immer neugierig auf andere Menschen, auf interessante Kontakte, und vielleicht bist du manchmal sogar glücklich gewesen. Du hast stets viel erwartet vom anderen und hast dich oft mißverstanden und zurückgestoßen gefühlt. Es konnte leicht passieren, daß du eine Party frühzeitig verließest und nach Hause gingst. Du hast dich dann einfach zurückgezogen, um für dich zu sein.

Lernen und Feiern . . .

. . . aber auch: Probleme in der Kommunikation

Jetzt erst ist uns bewußt geworden, daß du in den letzten Monaten viel allein gewesen sein mußt. Man hat dich seltener gesehen. Niemand hat sich viel dabei gedacht.

Einsamkeit

Wie eine Ohrfeige hat uns die Schocknachricht getroffen, wie man dich nach Tagen in deiner Wohnung gefunden hat. Deshalb stehen wir heute hier, alle, die irgend konnten. Deshalb auch wollte ich noch einmal zu dir sprechen, um ein Zeichen zu geben, daß du uns etwas bedeutet hast, wie sehr uns dein vorzeitiger Tod betroffen gemacht hat und daß wir um dich trauern.

Reaktion auf die Nachricht vom Ende

Der Philosoph Hans Jonas, mit dem du dich beschäftigt hast, zitiert in seinem bekannten Buch „Das Prinzip Verantwortung" das berühmte Chorlied aus der „Antigone" des Sophokles. Dort geht es um den Menschen als ein Wesen, das nicht geheuer, vielmehr ungeheuerlich ist. Es heißt dort u. a. in bezug auf den Menschen: „Allbewandert er, auf ein Künftiges / geht er unbewandert zu. Nur den Tod / ist ihm zu fliehen versagt."

Ein literarisches Zitat zum Schluß der Rede

✉ **Ein befreundetes Ehepaar schreibt der Mutter**

Liebe Frau S.,

die Nachricht von Anjas unerwartetem Tod hat uns so erschüttert, daß wir sofort an Sie schreiben. Sie müssen jetzt unerhört tapfer sein, und wie gern möchten wir Ihnen beistehen. Natürlich haben wir tausend Fragen, wie das kommen konnte, daß eine so liebens-

Äußerung der Erschütterung und Zuspruch

werte und strebsame junge Frau mit 28 Jahren das Leben verlassen muß. Aber das alles ist zunächst nicht so wichtig. Wichtig ist, daß Sie wissen, daß wir Ihren Schmerz teilen und uns Sorgen machen, wie Sie das alles überstehen.

Anteilnahme und Sorge

Ihre Söhne werden gewiß um Sie sein wie auch die Verwandten und Nachbarn, so daß Sie einen Halt finden können.

Auch wir möchten Ihnen das Gefühl vermitteln, daß Freunde da sind, die Ihnen verbunden sind, auf die Sie rechnen können und die, wenn schon kein Trost ist, Ihnen doch helfen werden, diese Trostlosigkeit zu ertragen. Selbstverständlich werden wir zur Beisetzung bei Ihnen sein. Mein Mann und ich haben ja als Rentner keine Terminprobleme, und Sie können über uns verfügen.

Ausdruck der Verbundenheit

In Freundschaft und Anteilnahme grüßen
Ihre Annette und Bertolt Kallemann

 Trauerrede für ein Vorstandsmitglied (Fußballverein)

Es spricht ein Freund und Vereinskamerad

Liebe Familie Fietke! Liebe Vereinskameraden!
Verehrter Herr Bürgermeister!

Wir nehmen diesen letzten Abschied von unserem lieben Oskar Fietke, den Abschied, der bedeutet, ihn nie mehr wiederzusehen, nie mehr mit ihm zu sprechen, nie mehr gemeinsame Unternehmungen zu planen und durchzuführen. Oskar reißt ein Stück unseres eigenen Lebens mit ins Grab, und wir alle stehen hier in Schmerz und Trauer.

Tod als Abschied

Zugleich wissen wir auch, daß dieser Tod ihn von seiner langen leidvollen Krankheit erlöste. Auf diese Erlösung hat er gewartet. Er hat seinen Tod akzeptiert und ihn oft, zumindest in Worten, herbeigewünscht. Wenn dieser Gedanke ihn trösten konnte, so ist dies auch unser einziger Trost in dieser Stunde.

Tod als Erlösung

Bevor wir ihn zur letzten Ruhestätte begleiten, sollten wir uns erinnern, auf wie vielen Wegen er unser Begleiter war, sollten sein Bild nochmal vor uns lebendig werden lassen, um es vor dem Verblassen und Vergessen zu bewahren.

Lebensskizze

Viele von uns kennen ihn seit unseren gemeinsamen Kindertagen. Als Sproß einer alteingesessenen Familie von Landwirten gehörte er von jeher mit zum Kernbestand unserer Gemeinde.

Als Ur-Allersbacher sozusagen sorgte er mit für das Gefühl einer vertrauten und verläßlichen menschlichen Umgebung, in der wir uns alle zu Hause fühlen.

Und wieviel Leben und Bewegung hat er ins Dorf gebracht! Bewegung und Beweglichkeit charakterisieren überhaupt sein Leben. Schon als Schulbub hat er Fußball gespielt, wann und wo immer es ging. Es war klar, daß der Fußball sein Sport wurde. In vielen Funktionen hat er in unserer Allersbacher Mannschaft gespielt, bis er sich als Stürmer spezialisierte. Irgend jemand hat gezählt, daß er mehr als 80 Tore in seinem Leben geschossen hat. Er hat unserer Mannschaft zu zahlreichen Erfolgen verholfen, solange er aktiver Spieler war. Doch auch dann war er weiter für seinen Verein tätig. Erst als Schiedsrichter, dann absolvierte er eine Trainerausbildung und baute systematisch den Nachwuchs auf. Außerdem sorgte er als Vorstandsmitglied und Organisator dafür, daß die Mannschaft an allen wichtigen Turnieren teilnehmen konnte. Diese Bemühungen haben den Aufstieg in die Regionalliga erst möglich gemacht. Oskar hat auch den Förderkreis des Fußball-klubs ins Leben gerufen, er hat als Berufskraftfahrer und Busexperte alle Fahrten organisiert und oft selbst begleitet. Nicht umsonst war sein liebevoller Spitzname „Fudi", als Abkürzung für „Fußballdirek-tor". Er hat ihn als Ehrentitel verstanden und getragen. „Der Fudi macht's schon!", sagte er, wenn er mal wieder eine unangenehme Aufgabe übernehmen mußte.

Viele von uns denken gerne an die Reisen zurück, die sie mit ihm gemacht haben. Als Reisebusfahrer und Reiseleiter war auch beruf-lich Bewegung sein Element. Immer unterwegs in Deutschland und im Ausland konnte er auf einen reichen Erfahrungsschatz außer-halb unseres Dorfhorizontes zurückblicken.

Im Gedächtnis werden uns bleiben, daran darf ich gerade in die-ser ernsten Stunde erinnern, all die lustigen Abende nach gewon-nenen Turnieren, all die Dorffeste, in die er Leben und Stimmung gebracht hat. Oskar hat so gern gefeiert. Er war vital und mitrei-ßend in seiner urigen Art.

Wir verlieren mit ihm einen Freund, einen Sportler, einen Vereins-kameraden. Wir wissen, um wieviel härter die engsten Angehörigen durch diesen Verlust getroffen wurden und möchten Ihnen, liebe Familie Fietke, zum Ausdruck bringen, wie sehr wir mit Ihnen trauern.

**Grundtenor:
ein bewegtes Leben**

**Würdigung
der Leistungen ...**

**... und der
menschlichen
Qualitäten**

**Ein großer Verlust
für Familie und
Verein**

Beistand und Hilfe als Trost

Ich wünsche, Sie finden bei uns allen Stütze und Hilfe, so wie wir sie von Oskar Fietke erfahren haben. Das ist der einzige Trost, den wir Ihnen bieten können, das Gefühl, daß Sie nicht allein gelassen sind, daß Sie in unserer Gemeinschaft einen festen Platz haben.

✉ **Eine Nachbarfamilie kondoliert der Witwe**

Liebe Frau Fietke,

Anteilnahme und Hochachtung

zum Tod Ihres Mannes sprechen wir Ihnen unser herzliches Mitgefühl aus. Wir haben, wie viele hier im Ort, das Leiden Ihres Mannes anteilnehmend mitverfolgt und voller Respekt gesehen, wie Sie ihn liebevoll umsorgt haben.

Jetzt, wo das Ende dieses Leidens für Sie nur der Beginn eines neuen bedeutet, sollen Sie wissen, daß Sie nicht allein sind, daß wir alle an Sie denken und mit Ihnen trauern.

Bleibende Erinnerung an den Verstorbenen

Die gute Erinnerung an Ihren Mann werden wir bewahren.

Ihre Nachbarn
Familie Müller-Rufe

 Beileidsschreiben des Bürgermeisters

Liebe Frau Fietke,

Formelle Beileidsbekundung

der Tod Ihres Mannes ist ein schwerer Verlust für unsere Gemeinde. In deren Namen spreche ich Ihnen unsere herzliche Anteilnahme und unser Beileid aus.

Ihr Mann und ich haben oft und gut zusammengearbeitet, geplant, organisiert und veranstaltet. Ohne ihn wäre das sportliche und festliche Leben unseres Ortes um vieles ärmer gewesen.

Das Wirken für die Heimatstadt

Sein Wirken wird in seiner Heimatstadt Allersbach unvergessen bleiben. Ich werde dafür Sorge tragen, daß zum Gedenken an Oskar Fietke auch äußerlich ein Zeichen gesetzt wird.

Ich wünsche Ihnen, daß Sie die Kraft und den Trost finden, um diese schwere Zeit zu überstehen.

In Dankbarkeit und Anteilnahme
Michael Fischer
Bürgermeister

Der Arbeitgeber des Toten schreibt der Witwe

Sehr geehrte Frau Fietke,

alle Mitarbeiterinnen und Mitarbeiter unserer Firma trauern mit Ihnen um Ihren lieben Mann und sprechen Ihnen ihr herzlichstes Beileid aus. Mir wird er als mein treuester und vertrautester Arbeitskollege am meisten fehlen.
Verlust des engsten Mitarbeiters

In beispielhafter Weise hat er sich für unser kleines Unternehmen eingesetzt und mit dazu beigetragen, daß wir auch unter schwerem Konkurrenzdruck bestehen konnten. Auch Sie selbst haben dazu Ihren Beitrag geleistet durch Ihr Verständnis für die unregelmäßigen Arbeitseinsätze und die Flexibilität in Ihren privaten Planungen, die es Ihrem Mann erst möglich machten, immer für die Firma da zu sein, wenn es nötig war.
Sein Einsatz für die Firma

Ihnen beiden gilt unser Dank. Wir werden das nicht vergessen, so wenig wie wir Ihren Mann als Mensch und Kollegen je vergessen können.
Dank (auch an die Witwe)

In tiefer Betroffenheit und Trauer
Karl Fuhr
Fuhr-Busreisen GmbH & Co. KG

 Der Frauen-Kegelklub trauert um ein langjähriges Mitglied

Liebe Trauernde! Liebe Kegelfrauen!
Es spricht ein Klubmitglied

Unser Zusammensein ist heute für uns alle sehr ungewohnt, ungewohnt still und verhalten, und für mich ist es besonders ungewohnt, so vor euch zu stehen und zu reden. Wir sind so ein fröhlicher Verein und eigentlich nie leise. Heute jedoch sind wir leise. Der Schreck sitzt uns noch in den Gliedern. Wir sehen sie ganz deutlich vor uns, unsere Kathrin: Mit hochroten Wangen, beschwingt vom Punktevorsprung, schnappte sie sich ihre grüne Lieblingskugel. Daß sie mit ihren 60 Jahren noch einen solchen Schwung entfalten konnte! Sie nahm Anlauf. Die Kugel donnerte los. Kathrin stürzte, und während die Kegel fielen, brach unser Jubel plötzlich ab ... Kathrin stand nicht wieder auf. Sie wird nie wieder mit uns die Kugeln rollen lassen.
Betroffenheit im Verein

Erinnerung an die Todesstunde

Liebe Keglerinnen, wir wollen tun, was wir für sie tun können. Wir stellen den heutigen Abend unter ihr Angedenken. Wir machen deutlich, wie sehr wir um sie trauern. Es schmerzt uns, daß wir sie verlieren mußten, und ich möchte versuchen, sie uns noch einmal in Erinnerung zu rufen – wie sie war, wer sie war, was sie uns bedeutete.

Wer war die Verstorbene?

Die meisten von euch waren bei der Beerdigung. Es war eine würdige, schöne Trauerfeier, und der Pfarrer hat viel aus ihrem Leben erzählt. Aber wer unsere Kathrin wirklich war, wissen wir am besten. Denn nach dem Tode ihres Mannes fühlte sie sich bei uns am wohlsten. „Ihr seid meine Großfamilie!" hat sie immer gesagt. Manchmal haben wir das nicht so gern gehört, denn es bedeutete auch, daß sie die Mutterrolle in dieser Familie für sich beanspruchte und meist versuchte, ihre Vorstellungen durchzusetzen. Und es war, bei ihrer Persönlichkeit und ihrem Temperament nicht leicht, sich ihr zu widersetzen. Aber wir haben uns nicht unterkriegen lassen. Sie hatte es auch nicht leicht mit uns. Aber so war es doch immer spannend, immer war was los, immer war Leben in unserer „Kegel-

Wesensart und Naturell

bude". Sie war – ich darf das mal mit einem Vergleich ausdrücken – das Salz in unserer Suppe, und nie war diese Suppe versalzen, meist war sie sehr schmackhaft. Überlegt doch mal bitte: Hätten wir ohne ihre Verbissenheit eine so gründliche und schöne Renovierung unserer Kegelbahn zustande gebracht? Ich vermute mal: nein! Heute sind wir froh, daß sie es durchgesetzt hat, daß wir sogar noch den Aufenthaltsraum erneuert haben.

Denkt auch daran, was sie für eine Stimmungskanone sein konnte. Wieviel schöne Abende haben wir mit ihr verbracht! Was haben wir zusammen gelacht! Sie wußte immer die besten Witze zu erzählen, und sie hatte so viel erlebt, daß sie uns immer wieder mit neuen Anekdoten und Geschichten überraschen konnte. Sie

Ihre Meinungs-stärke und Durch-setzungsfähigkeit

paßte eben genau zu uns. Über alles konnte man mit ihr reden, auch wenn sie immer ganz entschiedene Meinungen zu allem hatte. Mit ihr hatte man immer etwas zu diskutieren, weil sie immer wieder versuchte, zu zeigen, daß sie doch recht hatte. Und manchmal hatte sie ja auch recht, z. B. als sie die jährliche Drei-tagefahrt vorschlug. Was gab es da für Bedenken und Schwierigkei-ten! Jetzt, nach fünf Jahren, möchte keiner von uns unsere Pfingst-touren mehr abschaffen. Das ganze Jahr über freuen wir uns darauf.

Ich könnte euch noch an vieles erinnern, an ihre Spezialrezepte für Salate oder Kuchen, ihre vergeblichen Abmagerungskuren, ihre Sammelaktionen für die SOS-Kinderdörfer, ihre gescheiterten Versuche, als Abgeordnete der „Grauen Panther" in die Politik einzusteigen, vor allem aber an ihre Initiative, das Frauenkegeln zu fördern und zu einer überregionalen Wettkampfdisziplin zu entwickeln.

Liebevolle Schilderung von Eigenheiten

Liebe Kegelfrauen, wenn wir ehrlich sind, werden wir zugeben, daß wir manche ihrer Ideen als etwas überspannt oder übertrieben empfunden haben. Vielleicht waren wir aber auch nur zu träge, zu tun, was sie von uns erwartete. Keine von uns aber wird verkennen, wieviel Leben sie mit alledem in unseren Klub gebracht hat, wieviel wir selbst dann noch profitiert haben, wenn wir uns gegen sie gewehrt haben. Können wir eine bessere Anerkennung aussprechen, als wenn wir eingestehen, wie sehr wir sie ernst nehmen mußten, daß man einfach nicht an ihr vorbei kam?

Es ist ein Zufall: Mit ihrem Tod endet unsere jährliche Kegelsaison. Was könnten wir in ihrem Sinne Besseres tun, als zu ihrem Gedenken heute Abend unser Abkegeln zu veranstalten. Ich denke, sie wäre gerne dabei, um mitzuhalten. Deshalb wollen wir uns jetzt zu einer Gedenkminute erheben.

Eine Schweigeminute zum ehrenden Gedenken

✉ Brief der Klubmitglieder an die Hinterbliebenen

Liebe Familie Schäfer,

nachdem der Tod die liebe Kathrin so plötzlich aus Ihrer und aus unserer Mitte nahm, denken wir natürlich oft an Sie und daran, wie sie mit diesem Schicksalsschlag fertig werden mögen. Was unserem kleinen Freizeitklub schon so schwer ankommt, muß Sie um so mehr schmerzen.

Anteilnahme und Wunsch nach Erhaltung des Kontaktes

Wir möchten Ihnen sagen, wie sehr wir mit Ihnen trauern, wie gut wir Ihren Schmerz verstehen, den wir mit Ihnen teilen.

Wir wünschen, daß der gute Kontakt, der durch Kathrin mit Ihnen bestand, auch weiterhin bestehen bleibt. Bitte lassen Sie uns wissen, wenn wir Ihnen irgendwie behilflich sein können.

Hilfsbereitschaft

In Trauer um Kathrin
Ihre Keglerinnen (Unterschriften)

Reden und Briefe im beruflichen Bereich (freie Wirtschaft)

 Rede zum Tod eines Verwaltungsdirektors

Es spricht die Betriebsrats-vorsitzende

Ich begrüße Sie, liebe Frau Scheller und Ihre Tochter, Sie, sehr geehrter Herr Direktor, Sie, liebe Kolleginnen und Kollegen und alle Mittrauernden.

Wir stehen hier, im wörtlichen Sinne vom Schicksalsschlag getroffen, wie betäubt und versuchen zu erfassen und zu begreifen, was doch nicht zu begreifen und zu fassen ist: daß unser guter Hans

Fassungslosigkeit über den plötzlichen Tod

Scheller, noch vor wenigen Tagen voller Aktivität und Leben mitten unter uns, ein Mittelpunkt der Firma, nun plötzlich nicht mehr da sein soll, so unwiederbringlich aus der täglichen Arbeit herausgerissen und uns entrissen wurde. Etwas wehrt sich in uns, das hinzunehmen und es so einfach zu akzeptieren.

Mit seinen 56 Jahren war er neben unserem Chef der erfahrenste Mann im Betrieb, ein Mann der ersten Stunde, der die Firma von Anfang an mit aufgebaut hat.

Würdigung von Person und Leistung

Ein Mann mit Mut und Unternehmungsgeist, dessen Hobby bezeichnenderweise die Segelfliegerei war. Im Cockpit seines Flugzeuges liebte er den Blick über weite Landschaften, in der Firma überschaute er die von ihm geschaffene Verwaltung und Organisationsleitung. Er war nicht nur ein perfekter Planer, er war auch flexibel im Reagieren auf immer neue Umstände, auf Unvorhergesehenes und schwierige Situationen.

Bei den Mitarbeitern war er beliebt und respektiert, weil er sich wohlwollend und verständnisvoll um Personal und Arbeitsorganisa-

Hervorstechende Eigenschaften und Fähigkeiten

tion kümmerte. Dabei war er immer zu Späßchen aufgelegt, witzig und listig, wenn er seine lauernden kleinen Fangfragen stellte. Die von ihm organisierten Betriebsfeste waren stets ein Höhepunkt im Arbeitsjahr, und ich sehe ihn noch vor mir, wie er im Herbst letzten Jahres bei dieser Gelegenheit die Rede auf unseren Chef, Herrn Dr. Freyer, gehalten hat. Da er ein prinzipientreuer Charakter war, hat es die Geschäftsleitung nicht immer einfach mit ihm gehabt. Es ist ja bekannt, daß er einige Male erklärte: „Mit mir nicht, Herr Doktor!" und fristlos kündigte. Gottseidank hat er seine Firma nie verlassen.

Gerade wir vom Betriebsrat hatten in ihm einen klugen Vermittler, der stets das persönliche Wohl der Kolleginnen und Kollegen im Auge hatte, für den keine und keiner einfach eine Nummer war.

Gelegentlich hat er davon gesprochen, daß man als Segelflieger sich immer des Risikos bewußt ist, abzustürzen. Aber wer hätte gedacht, daß ihm dieses Schicksal auf so andere Art, durch diesen Verkehrsunfall zugedacht sein sollte. Wir alle werden einige Zeit brauchen, diese Trennung zu bewältigen und versichern Ihnen, liebe Frau Scheller und Ihrer Tochter, daß wir Ihnen in dieser schweren Situation beiseite stehen und helfen werden, soweit es in unserer Macht steht. Bitte machen Sie davon Gebrauch. Wir sind das Ihrem Mann schuldig.

Angebot von Hilfe und Unterstützung

 ## Der Vorsitzende der Segelfliegervereinigung kondoliert der Witwe

Sehr geehrte Frau Scheller,

als Freund Ihres Mannes und im Namen aller Fliegerkameraden möchte ich Ihnen sagen, daß wir alle überrascht und erschüttert sind vom plötzlichen Tod unseres geschätzten Kameraden.

Überraschung und Erschütterung

Ihr Mann hat wie kein anderer den Wagemut, das Können und die Faszination unseres Sports verkörpert und an andere weitervermittelt. Wir verlieren in ihm aber nicht nur einen guten Freund und exzellenten Flieger. Mit seinem Tod ist eine Lücke in unsere Gemeinschaft gerissen, die wir nicht wieder ausfüllen können.

Ein exzellenter Flieger und ein guter Freund

Sein fröhliches, lebensbejahendes Wesen strahlte aus auf seine Umgebung, so daß jeder das Gefühl hatte, im richtigen Verein zu sein. Eine beispielhafte Verantwortlichkeit für Planung und technische Kontrolle, was beides für uns entscheidend ist, hat er vorgelebt und den Jüngeren weitergegeben.

Lebensfreude und Verantwortung

Wir sind untröstlich, wie Sie, mit Ihnen trauern seine Freunde, die Ihnen sagen möchten: Sie haben einen Mann gehabt, auf den Sie stolz sein können. Wir sind stolz, daß er zu uns gehörte.

Trauer und Stolz

Wir hoffen, daß Sie unserem Verein und unserer Arbeit verbunden bleiben und werden auch unsererseits weiterhin den Kontakt halten. Sie sind als Gast immer gerne bei uns gesehen.

Wunsch nach Erhalt des Kontaktes

Ihr Siegfried Luft

**Ein Hotelinhaber spricht
anläßlich des Todes seines Geschäftsführers**

Liebe Frau Situs,

Anteilnahme und Verständnis für die Untröstlichkeit der Angehörigen

ich möchte mich zunächst an Sie wenden: Sie sind nicht alleingelassen in dieser schweren Stunde. Sie sind umgeben vom Kreis der zum Teil von weither angereisten Familienangehörigen, von den Mitarbeiterinnen und Mitarbeitern unseres Hauses. Wir alle wissen, daß Sie untröstlich sind, daß Sie untröstlich sein müssen nach dem, was Sie in den letzten Monaten durchmachen mußten, angesichts der Gewißheit dieses Todes.

Leitfaden der Rede: Gegenwart → Vergangenheit → Zukunft

Wenn die Gegenwart fast unerträglich wird, findet der Mensch vielleicht einen Halt, indem er zurückdenkt an eine erfüllte Vergangenheit oder indem er seinen Blick in die Zukunft richtet.

Rückblick: Schilderung der Karriere

Zunächst ein Blick zurück: Mit Ihnen, die Sie so ganz für ihn da waren, hat Ihr Mann eine glänzende Karriere machen können. Nach der Ausbildung am berühmten „Frankfurter Hof" hat er in einer Reihe von Hotels im In- und Ausland seine Erfahrungen gesammelt, so daß ihm aus gutem Grund die Leitung eines eigenen Hauses in einer deutschen Landeshauptstadt angeboten wurde. Aber eine Stadt mit nur einer Viertelmillion Einwohnern war für ihn ein zu enger Lebensraum. Aus einer Millionenstadt stammend, konnte er sich als entschiedener Großstadtmensch und Weltbürger, als der er sich fühlte, nur in einer Millionenstadt zu Hause fühlen. Diesem Umstand und Ihrer Bereitschaft, verehrte Frau Situs, Ihrem Mann wie eine zweite Ruth zu folgen, wohin er

Die beruflichen und menschlichen Qualitäten

auch immer gehen wollte, verdankte es unser Hotel „Astor", einen so wertvollen Mitarbeiter gewinnen zu können. Über 20 Jahre war er in leitender Funktion und mir und meinen Mitarbeiterinnen und Mitarbeitern ein zuverlässiger, äußerst sachkundiger und engagierter Kollege, dessen menschlich-herzliche Ausstrahlung wesentlich mit dazu beitrug, daß das Personal des „Astor" sich am Arbeitsplatz wie zu Hause fühlen konnte.

Vielseitige Nutzung der knappen Freizeit

Freilich, im Hotelfach ist Freizeit eng bemessen und steht oft unregelmäßig zur Verfügung. Aber was hat er daraus gemacht! Vor allem seine Leidenschaft für Film und Kino hat er ausgelebt, und Sie haben ihn darin unterstützt und begleitet und sich dieses Hobby auch zu eigen gemacht. In einer Weltstadt des Films wie der unsrigen gehörten dazu für Sie beide die Atmosphäre der Festspiele, Prämierungen und Sondervorführungen mit den vielen Kontakten zu Persönlichkeiten der Filmwelt, von denen auch viele traditionell im „Astor" abstiegen und einige zu guten Bekannten und Freunden wurden. Aber nicht nur die Welt des Films, sondern auch die Welt selbst hat Ihr Mann auf zahlreiche Reisen sich und Ihnen erschlossen, wobei die große Asienreise vor zwei Jahren sicher den Höhepunkt darstellte.

Ich wünsche Ihnen sehr, liebe Frau Situs, daß Sie im Gedenken an die gemeinsamen schönen Jahre Trost finden werden und daß Ihnen diese Erinnerungen helfen, weiterhin so tapfer zu bleiben wie in den letzten Monaten, als Sie den Sterbenden aufopfernd gepflegt haben. **Tröstende Worte an die Witwe**

Abschied nehmen heißt aber zugleich auch, einen Blick in die Zukunft zu werfen und zu hoffen auf all das, was das Leben noch bringen und bieten kann. Es wird nicht leicht sein für Sie. Aber die Zukunft wird Sie zu neuen Orten und in neue Gegenden führen, und diese Orte und Landschaften werden ihre eigenen, neuen und unbekannten Schönheiten zeigen. Die gemeinsamen Erfahrungen, die Sie aus dem Zusammenleben mit Ihrem Mann mitbringen, werden Ihnen bei diesen Erkundungen hilfreich sein, und alle Hilfe, die Sie von Ihren Freunden und den Freunden Ihres Mannes annehmen wollen, wird Ihnen zur Verfügung stehen, so wie wir alle hierhergekommen sind, um mit Ihnen gemeinsam jetzt die letzten schweren Schritte zu gehen. **Hoffnungsvoller Blick in die Zukunft** **Angebot von Beistand**

✉ Eine gute Freundin schreibt der Witwe

Liebe Gerdi,

die Nachricht vom Tode Deines Mannes hat meinen Mann und mich sehr erschüttert. Sicher wußten wir, wie es um ihn stand, doch man hofft ja immer, daß alles nicht ganz so schlimm ist. **Ausdruck der Erschütterung**

Doch nun dieses endgültige „Aus"!

Wie mag es Dir gehen, wie überstehst Du die vielen unangenehmen Umstände und notwendigen Formalitäten?

Wir wissen, wie sehr Du Deinen Mann geliebt hast, daß Du ganz für ihn da warst und Dein Leben ihm anvertraut hast. Und wir können ermessen, wie einsam, verzweifelt und trostlos Du Dich jetzt fühlen mußt! **Einfühlsame Worte der Anteilnahme**

Da es meinem Mann und mir aus beruflichen Gründen unmöglich war, zur Beerdigung nach Berlin zu kommen, möchten wir Dir wenigstens mit diesen Zeilen signalisieren, daß wir in Gedanken bei Dir sind und daß Du auf uns rechnen kannst.

Ankündigung eines Besuches

Natürlich werden wir die nächstbeste Gelegenheit, Dich zu besuchen, wahrnehmen. Schreib also, wann es Dir paßt!

In Freundschaft und Anteilnahme grüßen
Rita und Thomas

 Jahrestagung des Geflügelzüchterverbandes: Gedenkrede auf den ersten Vorsitzenden

Es spricht der stellvertretende Vorsitzende

Verehrte Anwesende! Liebe Freunde!

Die Eröffnung unserer diesjährigen Tagung können wir heute – so meine ich und so werden alle hier denken – nicht angemessener und würdiger vollziehen als mit dem Gedenken an unseren ersten Vorsitzenden, Herrn Eduard Engelmann, der am 26. August, also vor drei Wochen, verstorben ist.

Trauer um den Verlust des Menschen

Die Trauer um den von uns allen zum Vertreter unserer Interessen gewählten Vertrauensmann, die Trauer um diesen emsigen und gewandten Verfechter unserer Ziele, die Trauer um den Verlust eines für viele von uns verläßlichen Freundes erfüllt uns besonders in der ersten Stunde unseres Zusammentreffens mit Nachdenklichkeit, mit Wehmut und mit Schmerz!

Ein zu früher Tod ...

Ja, wir beklagen diesen unerwarteten, allzu frühen Tod, der zur Unzeit eine Lücke in unseren Verband reißt, die wir nicht so einfach wieder schließen können. Den Verlust eines lebensfrohen, humorvollen Kollegen beklagen wir, der nicht nur voller guter Ideen steckte, sondern auch ausgestattet war mit der nicht so häufigen Fähigkeit, diese Ideen in wirksame Aktionen umzusetzen.

Der Tod eines engagierten Menschen bewirkt auch Ernüchterung

Der Tod Eduard Engelmanns, des Inhabers der Engelmann-Farmen GmbH, des Leiters des Fachausschusses für Agrarwirtschaft im Niedersächsischen Landtag, des Vorstandsmitgliedes der Aktiengesellschaft Tofu und Soja, der Tod des ersten Vorsitzenden unseres Verbandes deutscher Geflügelzüchter, der Tod dieses so umfassend tätigen Mannes hat auch die Wirkung einer jähen Ernüchterung. Jeden von uns, der sich, wie er, engagiert und aktiv im Berufs- und

Verbandsleben einbringt und hart arbeitet, muß es doch nachdenklich machen, daß sich der Film unseres Lebens kaum zu einem idyllischen Happy-End abrundet, sondern eher mit einem abrupten Bildriß endet.

Wer war Eduard Engelmann? Wir sprechen nicht von seinem Privatleben. Das steht uns nicht zu. Darüber haben andere anläßlich seiner Beerdigung viel Liebevolles gesagt. Wir haben uns nur zu fragen, wer war dieser unser Kollege, Mitstreiter und Vorsitzende?

Lebensskizze des Geschäftsfreundes und Verbandspolitikers

Er war nicht der typische „self-made-man", der aus dem sozialen Nichts zu Erfolg und Würden aufsteigt. Er hat nicht aus jugendlichem Tatendrang oder einem „genialen Einfall" folgend eine Entenfarm geschaffen. Errichtet hat diese Farm vielmehr sein Vater. In jahrzehntelanger Arbeit hat er den bäuerlichen Familienbetrieb zu einer Großfarm ausgebaut. Eduard Engelmann war zunächst nur Sohn, und er wollte aufgrund seiner grafischen Begabung eigentlich Designer werden. Doch eines Tages stand er vor der Entscheidung seines Lebens. Er hat dies gelegentlich erzählt und sich dabei sehr lapidar so ausgedrückt: „Ente – oder nicht Ente? – das war für mich die Frage!" Er hat sich für die Enten entschieden, obwohl er zwar sehr gut Enten zeichnen konnte, aber gar nicht gerne Enten aß. Dafür hatte er um so mehr Sinn für den Geschmack der Endverbraucher und noch mehr Verständnis für den Markt, ohne den die Entenliebhaber aller Couleur leer ausgingen. Es war aber nicht nur für die Verbraucher von Vorteil, daß er sich für die Fortführung der Familientradition entschied. Die solide Grundlage eines Familienbetriebes nutzte er als Ausgangsbasis für einen regelrechten unternehmerischen Hürdenlauf, an dessen Ende er die gediegenen Glieder einer das ganze Land umspannenden Entenfarmkette um den Hals legen konnte. Die Wirtschaftswunder-Republik hat sich dafür bedankt – mit dem Bundesverdienstkreuz am Bande. Gut, wir kennen seine Verdienste.

Die Berufsentscheidung

Die Karriere

Aber bevor Gewohnheit und Routine des Alltags den Schleier des Vergessens über den Verstorbenen ziehen, darf ich uns alle hier und heute noch einmal daran erinnern, in welcher Hinsicht Eduard Engelmann für uns stets gegenwärtig sein sollte. Für uns war er der geschickte Organisator, der mutige Verbandspolitiker, der unsere Interessen unbeirrt nach außen verfochten hat. Nach innen war es sein Verdienst, uns immer wieder zu Kompromissen und Einigkeit geführt zu haben. Niemand wird denken, daß dies ohne heftige

Bedeutung für den Verband: Leistungen und Verdienste

Kontroversen, Konflikte und auch nicht ohne die typischen Kunge-
leien und Intrigen ablief. Mancher mag jetzt lächeln oder aber sein
Gesicht verfinstern. Das Verbandsleben war und ist kein Kaffee-
kränzchen, und er hat es uns auch manchmal mit der Eigensinnig-

Ein Mensch mit
Ecken und Kanten

keit eines Erfolgsmenschen schwer gemacht, mit all den Ecken und
Kanten, die er hervorkehren konnte. Mancher hat Schürfungen
und Wunden davongetragen, und einige mögen es ihm nach-
tragen. Vielleicht oder wahrscheinlich gibt es auch Unversöhnlich-
keiten. Das ist nur natürlich. Aber alle hier in diesem Saal haben
ihn dreimal zum ersten Vorsitzenden gewählt und ihn damit, aus
welchen Motiven auch immer, anerkannt und bestätigt und eben
begriffen, daß er der richtige Mann war – für uns!

Klage und
Trauer, aber auch
bleibende Erinne-
rung an seine
Erfolge

Wir trauern um Eduard Engelmann, der sein Leben für die deut-
sche Agrarwirtschaft, insbesondere für die erfolgreiche Expansion
der Geflügelwirtschaft, ich möchte sagen, investiert hat. Es gebührt
ihm deshalb, daß wir Berufs- und Fachkollegen die Erinnerung an
ihn wachhalten, an seine Unternehmungen und Wagnisse, an seine
vielen Erfolge – und: Wir werden auch die Anekdoten weiter-
erzählen, zu denen er Anlaß gab.

Wir trauern um Eduard Engelmann, der für viele von uns nicht
nur Mitstreiter und Verbandskollege, sondern ein Helfer und
Freund war, den man nicht vergessen kann.

Die Aufgaben
der Zukunft
in seinem Sinne
bewältigen

Die Lücke, die der Tod uns riß, wird für uns zu einer neuen Aufgabe. Diese Tagung muß einen Nachfolger wählen. Wir müssen
sein Erbe antreten. Wir müssen die Verbandsarbeit in seinem Sinne
weiterführen, und mit dieser Arbeit werden wir ihm mehr Dank
abstatten können, als dies mit bloßen Worten möglich ist. Vor uns
liegt nicht nur die Arbeit einer Jahrestagung, vor uns liegen die
Aufgaben der nächsten Jahre. Vor uns steht sein Beispiel. Das gibt
uns Hoffnung, Mut und Entschlossenheit.

Ich darf Sie nun bitten, sich zu einem zweiminütigen schweigen-
den Gedenken zu erheben.

Kondolenzbrief des Verbandes an die Witwe

Sehr geehrte Frau Engelmann,

erlauben Sie, daß ich Ihnen im Namen der Mitglieder des Verbandes deutscher Geflügelzüchter das herzlichste Beileid zum Tod Ihres Gatten ausdrücke.

Formelle Beileidsbezeigung

Auch ich empfinde, wie alle im Vorstand, schmerzlich diesen unersetzlichen Verlust. Eduard Engelmann war uns ein wichtiger Weggefährte, der mit unvergleichlichem Elan für seine Überzeugungen und für die verbandspolitischen Ziele gestritten hat. Er wurde wiederholt zum ersten Vorsitzenden gewählt, weil er unser besonderes Vertrauen genoß.

Ein unersetzlicher Verlust

Würdigung der Lebensleistung

Vertraut haben wir ihm auch in vielen anderen, durchaus privaten Dingen, denn er war ein Mann von großer Lebenserfahrung und Aufgeschlossenheit, so daß sich die Verbandskollegen immer gern an ihn wandten. Ich habe ihn vor allem wegen seiner geradlinigen Haltung und seines klaren Wortes hoch geschätzt, auch wenn wir nicht in allen Fragen einer Meinung waren. So wird er uns in mehrfacher Hinsicht fehlen, und oft werden wir an ihn denken und ihn schmerzlich vermissen.

Ausdruck der persönlichen Wertschätzung

Wir gedenken seiner Person in großer Dankbarkeit.

In Trauer verbunden
Ihr Wolfgang Winter
Stellvertretender Vorsitzender

 ## Der dienstälteste Mitarbeiter spricht anläßlich des Todes der Firmenchefin

Sehr geehrter Herr Altpfänder! Verehrte Angehörige!
Liebe Kolleginnen und Kollegen!

Der Tod unserer Chefin hat uns alle getroffen wie ein Schlag, und so stehen wir hier, die gesamte Belegschaft unserer Firma, wie eine geschlagene Truppe, die sich dem Zwang beugt, Abschied nehmen zu müssen. Wir wissen, was diese Frau für unseren Betrieb und für die tägliche Arbeit in diesem Betrieb für jeden von uns bedeutet hat, und wir ahnen, wieviel mehr sie Ihnen, Herr Altpfänder, bedeutet haben muß.

Klage: Der Tod als Zwang zum Abschiednehmen

Die erfolgreiche Unternehmerin

Die Jüngeren von uns kennen Ihre Frau wahrscheinlich nur als die effiziente Organisatorin, die perfekte Verwaltungsleiterin, die immer alles im Griff hatte und die trotz ihres umfangreichen Arbeitsgebietes immer wieder bereit war, sich um jeden Einzelfall zu kümmern und Zeit für jeden aufzubringen. Wir Älteren wissen ein wenig mehr, wer diese Frau wirklich war, und ich als der dienstälteste Mitarbeiter unserer Firma möchte deshalb ein paar Worte dazu sagen, um wen wir trauern.

Ein Blick zurück: Lebenslauf und beruflicher Werdegang

Hilde Altpfänder, geborene Sarkow, stammt aus der Ostsee-Hafenstadt Rerik, aus einer traditionsreichen Familie von Kutterfischern und Schiffskapitänen. Ihr Vater, Leiter der Städtischen Feuerwehr, als SPD-Mitglied im Nazi-Deutschland verhaftet und ins Gefängnis gesteckt, ist mit knapper Mühe dem Schicksal vieler seiner Genossen entkommen. Nach dem Kriege in Berlin aufgewachsen erhielt Hilde Sarkow ihre Ausbildung zunächst als Kindergärtnerin, dann als Lehrerin für Maschineschreiben und Stenographie. Ihr Leben änderte sich, als sie im Urlaub am Starnberger See ihren zukünftigen Mann kennenlernte, der damals als Fachmann für Gebäudereinigung erfolgreich bei einer Münchener Firma arbeitete. Unser heutiger Chef imponierte ihr zuerst als Darsteller im weihnachtlichen Dreikönigs-Spiel der katholischen Gemeinde Starnberg, und ihre Hobbys, Volkstanz und Heimatlieder, schlugen die emotionale Brücke zwischen Preußen und Bayern.

Gründung einer eigenen Firma

Die Idee, eine eigene Firma zu gründen, stammte, wie Sie, Herr Altpfänder, oft betont haben, von Ihrer Frau. Die Aufbaujahre der Firma „Altpfänder-Reinigung" wurden gefördert durch eine kluge, vorsichtige und sparsame Investitionspolitik. Mit einer selbst angeeigneten, erstaunlichen juristischen Versiertheit, mit unnachgiebigem, gründlichen Fleiß, ja hartnäckig und unbeirrbar hat Ihre Frau den Aufbau der Firma vorangetrieben. So konnten Sie, Herr Altpfänder, sich ganz auf Ihre technisch-kaufmännischen Aufgaben konzentrieren, um einen mittelständischen Betrieb mit heute 121 Angestellten zu schaffen. Aber das ist nur die eine, die äußere Seite eines viel reicheren Lebens.

Die Erzieherin ihrer Kinder

Im Betrieb haben wir nicht viel davon mitbekommen können, daß Ihre Frau nicht nur die Seele der Firma, sondern auch der Mittelpunkt einer blühenden Familie mit zwei Kindern war, die es zu versorgen und zu erziehen galt. Sie hat ihre Tochter und ihren Sohn nicht vernachlässigt, beide haben erfolgreich Ausbildung und

Berufseinstieg geschafft. Beiden hat sie sowohl ihr kaufmännisches Denken als auch ihre starke Liebe zu Musik und Kunst vermitteln können. So breit gefächert wie ihre Begabungen waren, so breit und nachhaltig war auch ihr Wirken. Soweit ihr Firma und Familie die Zeit ließen, war sie unterwegs auf Tagungen und Messen, immer offen für Anregungen und neue Ideen. Dafür hat sie auf Urlaub und Erholung verzichtet. Wie oft wurde eine geplante Reise abgesagt, weil doch zu viel im Büro zu tun war.

Unermüdlicher Einsatz für die Firma

All dies können nur Andeutungen sein. Welcher Verlust uns getroffen hat, ist damit nicht beschreibbar, was wir an Trauer empfinden, ist damit nur vage ausgedrückt.

Aber wir werden nicht vergessen, was wir von ihr gelernt haben, was sie für uns bedeutet hat. Wir werden Hilde Altpfänder stets ein ehrendes Andenken bewahren.

Trauer und ehrendes Gedenken

 Ehemalige Mitarbeiterinnen der Verstorbenen schreiben dem Witwer

Sehr geehrter Herr Altpfänder,

unser herzlichstes Mitgefühl zum Tode Ihrer geschätzten Frau!

Die Nachricht hat uns sehr erschüttert. Wir hatten lange nichts von ihr gehört und nicht gewußt, daß sie krank war.

Es ist nun schon zwei Jahrzehnte her, daß sie die Leitung unseres Kindergartens abgab, um mit Ihnen die neue Firma zu gründen. So steht sie uns noch vor Augen, wie sie sich damals von uns verabschiedete: voller Energie und Tatendrang, von unbeirrbarem Fleiß getrieben und liebevoll sich um alles und jeden kümmernd. Auch ihr Bild, das in unserem Konferenzraum hängt, strahlt diese optimistische Vitalität aus.

Erinnerung an die ehemalige Chefin: Tatendrang, Optimismus und Vitalität

So werden wir sie in Erinnerung behalten.

Wir können sicher nur annähernd ermessen, was dieser zu frühe Verlust für Sie, Herr Altpfänder, bedeutet, welchen Schmerz Sie zu ertragen haben. Wir möchten Ihnen deshalb sagen, wie sehr wir mit Ihnen trauern. Daß Sie hierin Trost finden, wünschen Ihnen

Mitempfinden und Mittrauer

die Mitarbeiterinnen des Marien-Kindergartens

Beileidsschreiben eines Geschäftspartners

Sehr geehrter Herr Altpfänder!

Betroffenheit und Mitgefühl

Die Nachricht vom Tode Ihrer lieben Frau erreichte uns in unserem Urlaub in Norditalien. Wir waren so überrascht und betroffen, daß wir erst heute reagieren und Ihnen unser herzlichstes Beileid aussprechen. Was für ein Schicksalsschlag für Sie! Wir fühlen mit Ihnen und denken an Sie. Wir wünschen Ihnen und Ihren Kindern die Kraft, den plötzlichen Verlust zu tragen.

Das Erinnerungsbild

Wir können uns nur schwer vorstellen, daß dieser energische, willensstarke und unermüdlich fleißige Mensch nicht weiter wirksam und tätig ist. Wir kannten Ihre Frau aus unserer geschäftlichen Zusammenarbeit nur so, und so wird sie uns in Erinnerung bleiben.

Beileid auch im Namen der Firma

Unser Beileid sprechen wir auch im Namen all derjenigen Mitarbeiterinnen und Mitarbeiter unserer Firma aus, die Ihre Frau kannten und schätzten.

Wir alle trauern mit Ihnen.
Gerd und Fritz Kahl
(Reinigungsmittel-Vertrieb)

Reden und Briefe im beruflichen Bereich (Verwaltung, Schule)

 Begräbnis eines verunglückten Beamten (52 Jahre)

Liebe Frau Vollmer! Liebe Mittrauernde!
Liebe Kolleginnen und Kollegen!

Es spricht die Abteilungsleiterin

Dies ist ein unerwarteter, ein bitterer Abschied, den wir heute
nehmen müssen.

Werner Vollmer, unser Freund, Mitarbeiter und seit Jahren
vertrauter Kollege, ist regelrecht mitten aus dem vollen Leben
gestürzt. Irgendwie stehen wir immer noch unter dem Schock, den
dieser tragische Fahrradunfall, dieser Sturz in einen Graben ausgelöst hat. Dieser für sein Alter jugendlich gebliebene Mann, von
bester Gesundheit, sportlich aktiv und unternehmenslustig, wurde
plötzlich aus unserer Mitte gerissen. Wir haben noch nicht gelernt,
uns an diese Veränderung in unserem Leben zu gewöhnen, es fällt
uns schwer, mit diesem frischen Schmerz umzugehen. Und doch
müssen wir allzu rasch Abschied nehmen und mit der schweren
„Arbeit" der Trauer, wie die Psychologen sagen würden, ernst
machen.

Überraschender Tod: Schmerz und Bitterkeit

Die Notwendigkeit der „Trauerarbeit"

Ich kenne Werner Vollmer seit etwa 20 Jahren, als er in unsere
Behörde eintrat, zunächst in einer anderen Abteilung. Nach dem
Abschluß seiner Ausbildung an der Verwaltungshochschule in
Speyer hat er – ganz unkonventionell, aber typisch für seine weit-
gespannten Interessen und seine Weltneugier – erst einmal eine
Stelle als Verwaltungsleiter bei einer deutschen Firma angenommen, die ihn dann schon nach kurzer Einarbeitungszeit in eine
ihrer Niederlassungen in Ostasien schickte. Seine Faszination an der
asiatischen Kultur konnte er so bestens mit der Erweiterung seiner
Berufserfahrungen verbinden. Sie, liebe Frau Vollmer, sind sozusagen die Blüte seiner Jahre in Fernost. Sie sind ihm aus Indonesien
gefolgt und seine Frau geworden.

Lebensskizze

Der Welt- und Berufserfahrene

Als Fachmann für Wirtschaftsstatistik in Ostasien ist er dann auch
in unsere Behörde gekommen und hat diesen Aufgabenbereich
systematisch und zielstrebig in nun jahrzehntelanger Arbeit aus-
bauen können. Durch sein Können, sein Pflichtbewußtsein, seine
Hilfsbereitschaft hat er sich bei allen Mitarbeitern Achtung und

Der schwer zu ersetzende Experte

Respekt erworben. Wie wichtig er für uns war, läßt sich auch daran ersehen, daß wir auf absehbare Zeit nicht wissen, wer sein Ressort übernehmen wird. Daran wird auch deutlich, wieviel Dank wir ihm schulden. Seine verdienstvolle Arbeit, die in einer Reihe von Veröffentlichungen dokumentiert ist, wird dafür sorgen, daß ihn auch die weitere Fachwelt so schnell nicht vergessen kann. Auch in die Zukunft unserer Arbeit hat er mit seinem Tod eine Lücke gerissen: Da ich im nächsten Jahr pensioniert werde, war er schon als Abteilungsleiter im Gespräch.

Der Autor von Fachbüchern

Meine sportlichen Ambitionen sind eher bescheiden, daher gehörte ich nicht zu den Freunden seines Fahrrad-Touring-Klubs. Aber ich habe immer gestaunt, was er alles unternahm. An vielen Samstagen und manchmal auch an ganzen Wochenenden war er „auf Achse" und radelte anstrengende Touren, begleitet von seiner Frau und seinen Freunden. Größere Fahrradreisen führten ihn beispielsweise nach Polen und Südfrankreich. Besonders beeindruckt hat mich seine Schilderung eines Radweges, der aus einer asphaltierten, stillgelegten Eisenbahn-Trasse bestand und als solche besonders geländegünstig war und zudem durch einige Tunnel führte. So konnte er immer viel erzählen von seinen „Er-fahrungen".

Der begeisterte Radler und seine Touren

Soweit ich ihn kenne, war Werner Vollmer aber auch ein besonnener und stiller Mensch, der z. B. stundenlang Schach spielen konnte. Ich habe nicht oft mit ihm gespielt, aber ich gestehe, ich habe immer verloren.

Der Schachspieler

Das ist es ja: An ihn zu denken heißt, daß er gegenwärtig ist, aber wir müssen uns auf die bittere Wahrheit einlassen, daß er nicht mehr unter uns ist. Wir müssen Trost suchen in der guten Erinnerung an ihn. Vielleicht finden wir in der Gemeinsamkeit des Schmerzes und der Trauer ein wenig tröstenden Halt.

Die Erinnerung als Trost

Wir fangen erst an mit dem Abschiednehmen. Es wird ein langer und schwerer Abschied werden!

 Der Vorgesetzte des Toten kondoliert der Witwe

Sehr geehrte Frau Vollmer,

„Offizielle" Kondolenzworte

im Namen unserer Behörde und im Namen aller Mitarbeiterinnen und Mitarbeiter Ihres Mannes übermittle ich Ihnen meine tiefempfundene Anteilnahme.

Wir haben mit ihm einen zuverlässigen, durch seine Professionalität hochgeschätzten Mitarbeiter und einen Menschen mit Herz und Humor verloren.

Sie haben mehr verloren. Aber wir möchten Sie doch wissen lassen, wie sehr wir Ihren Schmerz verstehen und daß wir mit Ihnen trauern. Durch seine beruflichen Leistungen hat er sich unsere bleibende Anerkennung erworben, und auch seine herzliche Kollegialität werden wir in bester Erinnerung behalten.

Ihnen in Trauer verbunden
Dr. Ellertschein
Direktor der Hauptabteilung Außenwirtschaft

> Hochschätzung als
> Kollege und
> Mensch

> Tröstende Schluß-
> passage, die über
> die Vergänglichkeit
> hinausweist

✉ **Beileidsbrief der Radklub-Mitglieder**

Liebe Kyu Son,

ich möchte heute nicht an all die schrecklichen Einzelheiten rühren, die wir mit Dir zusammen erlebt haben. Sie werden uns noch oft genug verfolgen. Und wir werden oft darüber sprechen müssen. Es ist mir ein dringendes Anliegen, Dir auch in dieser Form zu sagen, wie sehr wir uns an Deiner Seite fühlen, daß wir alle, wir Frauen und Männer vom Fahrrad-Touring-Klub, zu Dir stehen.

Bitte, zieh Dich jetzt nicht von allem zurück. Ich könnte das zwar verstehen. Aber es wäre nicht im Sinne von Werner, nicht im Sinne des von ihm gegründeten Klubs, in dem wir uns unter Freunden fühlen. Du gehörst zu uns. Da auch wir in Werner einen lieben Menschen verloren haben, können wir am ehesten ermessen, wie sehr Du leidest. Wenn wir Dir ein Trost sein können, laß uns daran teilnehmen. Du hast einmal gesagt, Werner und unser Klub seien Deine neue Heimat. Wir wollen das auch in Zukunft sein.

Ingeborg und Deine Radler/innen

> Anknüpfung
> an den gemeinsam
> erlebten Unfall

> Ausdruck des
> Mitempfindens

> Appell an
> die gemeinsame
> Verbundenheit

 Der Schulleiter spricht zum Freitod einer Lehrerin

Verehrte Angehörige, liebe Kolleginnen und Kollegen!

Bis hierher konnten wir sie begleiten, bis hierher haben wir sie begleitet, hier endet unser gemeinsamer Weg. Sie sollte uns ver-

> Treffender
> Redeeinstieg

lassen, unsere liebe Kollegin Pia Könsch, und wir haben uns damit abzufinden. Das fällt nicht leicht. Dieser Tod erfüllt uns nicht nur mit Trauer und Schmerz, er belastet unser Verantwortungsgefühl. Haben wir alles getan, was in unseren Möglichkeiten stand? Hätten

Frage nach der Verantwortlichkeit für dieses Ende

wir uns mehr um sie kümmern müssen, uns mehr Gedanken machen, hätten wir verständnisvoller und liebevoller mit ihr umgehen sollen? Wir haben ihre Probleme und Schwierigkeiten ja aus unmittelbarer Nähe miterlebt, im unmittelbaren Kontakt und Reagieren hätten sich vielleicht noch andere Erleichterungen und Lösungen finden lassen. Aber lag es überhaupt an uns?

Pia Könsch hat einen mühsamen Lebensweg zurückgelegt, der manches verständlich machen kann. Früh verwaist, wuchs sie in der Obhut einer Tante auf, die ihren Ehrgeiz darein setzte, das junge

Lebensweg: Kindheit, Schule, Studium, erste Berufserfahrungen als Lehrerin

Mädchen zu einer frommen Katholikin zu erziehen. Vielleicht hat Pia in dieser Zeit ihre stille, aber bestimmte und hilfsbereite Art entwickelt. Schulzeit und Abitur schloß sie auf einem Ursulinen-Gymnasium ab. Sie war schon damals entschlossen, Lehrerin zu werden. Über kirchliche Institutionen hatte sie die Möglichkeit, jeweils ein Jahr in Frankreich und in England zu verbringen. Damit legte sie die Fundamente für das anschließende Philologie-Studium. Nach Staatsexamen und Refendariat hat sie dann zunächst auch an einem Ursulinen-Gymnasium ihre erste Stelle gefunden und die ersten Jahre unterrichtet. Dann folgte sie ihrem Verlobten in unsere Stadt und wurde unsere Kollegin.

Anfängliche Probleme mit der neuen Arbeitssituation

Damit wurde sie zum ersten Mal mit den pädagogischen Problemen eines koedukativen Vorstadtgymnasiums konfrontiert. Wir werden nicht vergessen, wie sie sich anfangs mehrmals ins Lehrerzimmer flüchtete und in Tränen ausbrach. Mit so frechen und respektlosen Kindern hatte sie noch keine Bekanntschaft gemacht. Wir alle haben sie bewundert, wie sie dann den Kampf aufnahm, den Kampf gegen ihre kleinen und größeren „Ungeheuer", wie sie sie nannte, und den Kampf gegen ihre eigenen Schwächen.

Ihr Leben war ganz auf ihre beruflichen Aufgaben konzentriert. Auch bei Einladungen und bei geselligem Beisammensein sprach

Berufliche Erfolge

sie nie über Privates, nur über ihre Schüler. Wir wissen so gut wie nichts von ihrem Privatleben; nur daß irgendwann die Verlobung aufgelöst wurde, hat sich herumgesprochen. Dafür gewann sie die Anerkennung ihrer „Ungeheuer" und den Respekt des Kollegiums für ihre Einsatzbereitschaft und ihr außerordentliches Engagement.

Der Sprachunterricht war ihr Profession und Hobby zugleich, war Berufs- und Privatleben in einem. Sie lud ihre „Schützlinge" zu sich ein oder betreute sie zusätzlich in der Schule.

Doch irgendwann ging alles wieder bergab. Ihr Engagement ließ nach. Erst nur wenig, dann merklicher zeigten sich depressive Zustände, gelegentliche dann häufigere Krankheitsphasen. Die Hilfsbereitschaft und die vielfältigen Zuwendungen der Kolleginnen und Kollegen konnten nichts bewirken. Ein unerbittlicher, langsamer, aber stetiger Zermürbungsprozeß spielte sich vor unseren Augen ab. Trotzdem haben wir geglaubt, daß sie sich wieder fangen könnte. Nie hätten wir gedacht, daß es dann so radikal zu Ende gehen würde.

Ein seelischer Zermürbungsprozeß

So still und innerlich Pia Könsch war, so still und verhalten erfüllt uns ihr Tod mit einer nachdenklichen und wehmütigen Trauer. Wir werden uns in Zukunft immer wieder an sie erinnern müssen, wenn wir es mit ähnlichen Situationen und Schwierigkeiten zu tun haben wie sie. Ich denke, dieses In-Erinnerung-Rufen ihrer beharrlichen Arbeit wird uns helfen, Lösungen zu finden und wird uns vor allem davon abhalten, jemals zu resignieren. In diesem Sinne können wir ihr mit unserer Arbeit ein Andenken setzen, das Konsequenz und Dankbarkeit zugleich einschließt. Möge sie Ruhe und Frieden gefunden haben!

Trauer über die Flucht in den Tod

Der positive Aspekt des Angedenkens

 Das Lehrerkollegium kondoliert einer Angehörigen

Sehr geehrte Frau Könsch!

Ihnen als der einzigen nahestehenden Angehörigen unserer geschätzten Kollegin Pia Könsch möchten wir unser herzliches Beileid aussprechen.

Ausdruck des Beileids

Sie haben bei Ihrer Nichte Mutterstelle vertreten und ihr den Weg in das pädagogische Berufsleben ermöglicht. Wir möchten Ihnen sagen, daß Pia Könsch unser aller Respekt und Wertschätzung erworben hat.

Wertschätzung der Verstorbenen

Mögen Sie die Kraft und Seelenstärke finden, diesen schweren Verlust zu ertragen!

Mit Ihnen trauern die Kolleginnen und Kollegen des Schiller-Gymnasiums.

Beileidsschreiben des Kultusministeriums

Sehr geehrte Frau Könsch!

Förmliche Anteilnahme

Zum Tode von Pia Könsch spreche ich Ihnen im Auftrag des Ministers für Kultus herzliches Beileid aus.

Pia Könsch hat ihren Beruf als Philologin und Pädagogin zum Wohle ihrer Schülerinnen und Schüler mit Erfolg ausgeübt. Sie hat für ihr engagiertes Wirken die Anerkennung ihrer Kollegen und Vorgesetzten erhalten.

Anerkennung der beruflichen Leistung

Der Wert von Wissen und Bildung ist der Jugend ohne den beispielhaften Einsatz von Menschen, wie sie einer war, nicht zu vermitteln und aufrechtzuerhalten. Dies ist besonders auf dem Gebiet der Sprachen im Hinblick auf das werdende Europa von größtem Gewicht.

Worte des Dankes

Dafür gilt Pia Könsch der Dank der Mitbürger und des Staates!

In stiller Trauer
Herbert Finske
Staatssekretär im Kultusministerium

 Trauerrede für eine langjährige Mitarbeiterin (Postangestellte)

Es spricht der Dienststellenleiter

Lieber Herr Gebenich, liebe Angehörige,
liebe Kollegen und Mittrauernde!

Jeder von uns muß auf seine persönliche Art von Martha Gebenich Abschied nehmen. Wir möchten ihr aber auch dienstlich ein ehrenvolles Geleit geben.

Zweierlei machte ihr Leben aus: Sie war voll in ihrem Beruf als Postangestellte engagiert, und sie führte außerdem ein reiches Familien- und Privatleben. Beide Seiten ihrer Existenz störten sich keineswegs, im Gegenteil: Sie ergänzten sich harmonisch und

Eine starke Persönlichkeit

gehörten zu ihrer starken Persönlichkeit. Mit so vielen Menschen hat sie in ihrem Leben zusammengearbeitet und Kontakte gepflegt. So viele Menschen hat ihr Tod mit Schmerz und Trauer erfüllt. Auch wir Kolleginnen und Kollegen fühlen diesen Trennungsschmerz, wir können nicht gleichgültig bleiben, wir können die Trauer nicht verdrängen. Frau Gebenich war nie nur Kollegin, nie nur eine versierte Verwaltungsangestellte, sie war immer zugleich – vielmehr sie war immer *zuerst* – Mensch und trat anderen immer erst einmal als Mensch gegenüber. Ein solcher Mensch ist für eine Dienststelle wie unsere ein Glücksfall, und deshalb ist es kein Wunder, daß dieser Todesfall uns so unglücklich macht.

Ihre Menschlichkeit

30 Jahre hat Frau Gebenich im Postdienst gestanden, Tag für Tag hat sie ihre Aufgaben erfüllt und für eine prima Arbeitsatmosphäre gesorgt. Neben ihrem Familienleben, ihrem Wanderverein und vielem anderen war ihr Leben wesentlich erfüllt von diesen 30 Dienstjahren. Es wäre unangemessen, diese lange Arbeitszeit nicht in Erinnerung zu rufen.

Martha Gebenichs beruflicher Weg begann nach der mittleren Reife an einer kaufmännischen Berufsfachschule mit einer Banklehre. Von hier kam sie zunächst zur Postbank. Danach ergänzte sie ihre Berufsqualifikation durch eine Verwaltungsausbildung. In verschiedenen Abteilungen der städtischen Hauptpost sammelte sie Erfahrungen. Schließlich kam sie in unsere Dienststelle. Hier fühlte sie sich von Anfang an wohl, und deshalb ist sie auch hier geblieben. Über die Tagesarbeit hinaus war sie auch sonst stark engagiert. Mehrmals in den Personalrat gewählt, setzte sie sich dort für die „Interessen der Basis", für „die Leute an der Schalterfront", wie sie das nannte, ein. Es nahm sie hart mit, wenn sie dabei nicht immer das erreichen konnte, was sie für vernünftig und notwendig hielt. Ihre Kontakte und Beziehungen nutzte sie auch in der Phase des Um- und Ausbaus unseres Dienstgebäudes. Viele der damals auftretenden Schwierigkeiten hat sie geholfen zu bereinigen. Sie war die Ombudsfrau in allen Konfliktfällen. Ob beim Ärger mit Kunden oder bei Streitereien zwischen Kollegen, sie hatte die richtige Art zu klären und zu schlichten. Sie war nicht aus der Ruhe zu bringen, blieb bestimmt und freundlich, wo andere sich aufregten.

Der berufliche Werdegang

Ihr zusätzliches Engagement

Die Ombudsfrau

Sie, lieber Herr Gebenich, möchte ich besonders in diese Erinnerung einschließen. Auch Sie sind ein Mann von der Post, Ihre Frau hat Sie bei einer Fortbildung kennengelernt, und wir alle haben von dem Geschehen, das zu dieser „Postler-Ehe" führte, am Rande ein bißchen mitbekommen. Wir fühlen mit Ihnen und versuchen in unserem Leid und unserer Trauer zu ermessen, wie Sie trauern und leiden müssen! Auch wir werden diese Frau nicht vergessen können, auch für uns war sie ein Teil unseres täglichen Lebens. Jeden Tag vermissen wir sie, und jeden Tag werden wir uns nicht

Zuspruch und Trost für den Witwer

Abschließende Würdigung von Person und Wirken

damit abfinden können, daß sie nicht mehr da ist. Dieser tatkräftigen Frau voller herzlicher Ausstrahlung, voller Humor und Witz verdanken wir einen wesentlichen Teil unserer Lebensqualität im Dienst. Wir werden in Zukunft versuchen, unseren Dank dadurch abzustatten, daß wir zeigen, was sie uns vermitteln konnte, daß wir ihren Geist selbst weiterleben.

✉ **Der Dienststellenleiter kondoliert dem Witwer**

Verehrter, lieber Herr Gebenich,

Ausdruck des Beileids

im Namen jeder Kollegin und jedes Kollegen darf ich Ihnen mein sehr herzliches Beileid aussprechen. Wir fühlen uns mit Ihnen verbunden und verstehen Ihren Schmerz, den auch wir empfinden.

Die besondere Hochschätzung

Sie als Postler kennen uns und wissen, wie Ihre liebe Frau geschätzt und geachtet, wieviel Sympathie ihr von uns allen entgegengebracht wurde. Sie war der menschliche Mittelpunkt unserer Dienststelle und eine erfahrene und zuverlässige Mitarbeiterin, die ihre Arbeit ebenso ernst genommen hat wie jeden Mitmenschen. Sie wird uns doppelt fehlen.

Erinnerung als bleibender Wert

Wir werden ohne ihren Rat, ihre Hilfe, ihre gute Laune und ohne ihre bewährte Vermittlung bei Konflikten auskommen müssen. In unserer Erinnerung wird Ihre Frau jedoch weiterleben.

Ihr Wolfgang Reuter
Dienststellenleiter

 Der Leiter des Sozialamtes spricht zum Tod eines Kollegen (Sachbearbeiters)

Liebe Familie Stumpf, liebe Kolleginnen und Kollegen!

Empörung und Schmerz über den unverdienten Tod

Die Gefühle, die uns wohl alle heute bewegen, sind außer Schmerz und Trauer auch so etwas wie Unwille und Empörung gegen ein unverdientes Schicksal, einen ungerechten und unnötigen Tod.

Wir wurden gezwungen, uns von einem ungewöhnlichen Menschen zu trennen, der sich Ungewöhnliches abverlangte, Außerordentliches leistete und der leider – wie man so sagt – eines unnatürlichen Todes sterben mußte.

Er war lange Zeit ein Sorgenkind und war gut für Überraschungen in seinem Leben. Doch so wie Sorgenkinder Lieblingskinder sind, bereiten sie auch am meisten Schmerz. Die Trauer um ihn ist eine besonders bittere Trauer. So eigen er war, diese letzte unerwartete Wendung seines Lebens hat er nicht verdient.

Führen wir uns die Wendungen und Wechselfälle seines Lebens vor Augen: Wenig Glück hatte er mit seinen Lehrern und seine Lehrer mit ihm. Aber auch nach der Hauptschule blieb er das Sorgenkind seiner Eltern. Eine Lehre, zu der er weder Neigung noch Willen mitbrachte, brach er ab, um in einem Entwicklungsland einen Job zu übernehmen, bei dem er plötzlich Vorbild und Fachmann sein mußte, ohne sich dafür richtig kompetent zu fühlen. Dazu ein Liebeskummer, der ihn nach Europa zurücktrieb. Hier versuchte er nun alles ordentlich zu machen: Ließ sich zum Facharbeiter ausbilden und besuchte die Fachoberschule. Doch noch während er dabei war, diese mit Erfolg abzuschließen, warf ihn eine Herzensangelegenheit erneut aus der Bahn. Er suchte sich einen Hafen und heuerte an.

Der ungewöhnliche Lebenslauf eines ungewöhnlichen Menschen

Irgendwann kehrte er zurück, machte sein Abitur nach, begann ein Studium. Er mußte sich den Lebensunterhalt selbst verdienen, und auf der Suche nach immer neuen Jobs kam er mit der Sozialarbeit in Kontakt. Aufgrund seiner eigenen Erfahrungen findet er hier einen Aufgabenbereich, von dem er sich gefordert fühlt. Nun studiert er Pädagogik und macht Examen als Erzieher. Mit fachlicher Kompetenz ausgerüstet, kann er sich nun ganz den Sorgenkindern der Gesellschaft widmen.

Viele Jobs ...

... schließlich der Beruf des Lebens

Auch hier bleibt ihm nichts erspart. Die jahrelange Arbeit mit kriminellen Jugendlichen bringt mehr Enttäuschung als Berufszufriedenheit. Er wechselt in andere Bereiche, und hier zeigen seine Stärken Erfolge. Niemand bringt so viel Geduld und Verständnis auf wie er, und niemand erfährt soviel Akzeptanz bei der Klientel und bei den Kollegen.

Persönliche Stärken und berufliche Erfolge

Sozial abgesichert, gründet er eine Familie und widmet sich der Erziehung seines Jungen. Beruflich verdanken wir ihm viele Initiativen. Einige Projekte sind erst dadurch zustande gekommen, daß er neue Möglichkeiten der Finanzierung erschlossen hat. In den letzten Jahren haben seine Ideen vielen Menschen Hilfe und Rettung gebracht, oft Hilfe aus letzter Not. Eben das meinte ich, als ich sagte, er hat Außerordentliches geleistet.

Seine Erfolge liegen auch darin begründet, daß ihn Jugendliche und Erwachsene, die er betreute, akzeptierten, weil er ihre Erfahrungen und Schwächen kannte, zum Teil auch am eigenen Leib erlebt hatte. Er konnte sich weitgehend auf sie und ihren Lebensstil einlassen. Er mußte das, um sie in geregelte Bahnen zu lenken.

Opfer des Berufsrisikos

Diese Nähe bedeutete, wie sich gezeigt hat, ein hohes Berufsrisiko. Er ist es eingegangen und hat sein Leben dabei verloren.

Hochachtung und Erinnerung

Deshalb gebührt ihm unser Respekt und unsere Hochachtung. Menschen wie ihn brauchen wir in unserem Aufgabenbereich. Unser Angedenken wird ihn als Vorbild bewahren.

 ### Kondolenzbrief eines befreundeten Kollegen

Liebe Frau Stumpf,

Persönliche Worte des Mitgefühls

mit großer Sorge und inniger Anteilnahme denke ich oft an Sie. Wie tapfer müssen Sie jetzt sein nach diesem unfaßbaren Geschehen. Ich empfinde noch immer eine Art versteinernden Schrecken. Mit allem hätte man gerechnet, nur damit nicht! Alles stand auf positiv! Das Haus übernommen und gerade eingerichtet, der Sohn in bester Entwicklung und in einem Alter, in dem er den Eltern die meiste Freude bereitet. Im Beruf das große Projekt, seine ureigene Idee, mit besten Voraussetzungen gestartet, usw.

Ein passendes Zitat ergänzt das Gesagte

So unergründlich und rätselhaft ist der Mensch! Georg Büchner läßt seinen Woyzek sagen: „Jeder Mensch ist ein Abgrund; es schwindelt einem, wenn man hinabsieht." Ich habe Ihren Mann ja gut gekannt, zumindest habe ich das immer gedacht. Wir haben gut und anregend zusammen gearbeitet und auch viel über allgemeine Fragen miteinander gesprochen. Er kannte die Psyche der jungen Leute, die er betreute, gut, und wir haben gerade über Psychologisches viel diskutiert. Aber das ist natürlich ein weites Feld, und wer kennt jeden so genau?

Verbundenheit und Hilfsbereitschaft

Liebe Frau Stumpf, ich möchte Ihnen sagen, daß Sie nicht allein sind. Die Kollegen und Freunde, alle, die ihn kannten, trauern aufrichtig mit Ihnen. Wenn wir Ihnen in dieser schweren Zeit helfen können, sind wir dazu sofort bereit.

In Beileid und mit allen guten Wünschen für Sie und Ihren Sohn
Stephan Kanitz

Reden und Briefe
für öffentliche Anlässe

 Überschwemmungskatastrophe in einer
Flußufer-Ortschaft: Bestattung der 21 Todesopfer

Liebe Angehörige! Liebe Mittrauernde!

Es spricht ein Vertreter des Innenministeriums

Wir Menschen wünschen uns eine verläßliche Welt, die ausreichend Schutz und Sicherheit bietet, damit wir unser Leben in Arbeit, Erholung und Freude entfalten können. So tun wir alle viel für unsere Sicherheit und schaffen uns räumlich-technische, soziale, politische und rechtliche Gehäuse, die uns aber leicht darüber hinwegtäuschen können, wie gefährdet wir doch immer sind. Um so schrecklicher ist es dann, wenn wir Einbrüche, katastrophale Einbrüche in diese geschützte Welt erleben müssen.

Redeeinstieg: Die Unsicherheit der menschlichen Existenz

Nach diesen letzten entsetzlichen, diesen zerstörerischen und todbringenden Tagen, die Sie alle miterlebt haben, ist die Rede vom „verheerenden Schicksalschlag" keine leere Floskel, sondern der einzig angemessene Ausdruck dafür, daß wir es im Grunde nicht fassen, nicht verstehen können und nicht akzeptieren wollen, was geschah.

Ein unfaßbarer Schicksalsschlag

Schon allein der Anblick dieser 21 Särge ist erschreckend, und er verbirgt und verschleiert doch nur das Entsetzliche eines jeden Opfers, jedes einzelnen plötzlichen Endes dieser Männer, Frauen und Kinder, die noch vor wenigen Tagen ein argloses Leben führten. Wir ermessen auch nicht das Leiden und die Schmerzen der vielen Verletzten, die auf Heilung und Genesung warten und hoffen müssen.

Nennung der Opfer

Jeder von Ihnen, der mehr oder weniger schwer Getroffenen, hat die schlimmen Tage anders erlebt, jeder trägt seinen Schmerz, sein Unglück, seine Verzweiflung für sich. Aber vom Schicksal geschlagen sind wir alle, und Schmerz, Mitgefühl und Trauer erfüllen uns alle. Jeder einzelne ist untröstlich, nur die Solidarität der Gefühle und des gemeinsamen Handelns kann uns Trost und Linderung verschaffen.

Vielfalt des Leidens

Der Kampf gegen die kalten Fluten hat uns den Zusammenhalt aller gelehrt. Dieses Zusammenstehen so vieler einander bekannter wie unbekannter Menschen, die Zusammenarbeit von privaten,

Solidarität in höchster Not

organisierten und staatlichen Institutionen ereignete sich spontan und selbstverständlich, weil sie im wörtlichen Sinne notwendig war, weil nur sie die Not abwenden und überwinden konnte. „Wo Gefahr ist", sagt Hölderlin, „wächst das Rettende auch!" – In Ihrer Gemeinde jedenfalls hat sich dieses Dichterwort bewahrheitet!

Ein Zitat unter-streicht das Gesagte

Diese Katastrophe war nicht voraussehbar, nur deshalb konnte sie so verheerende Auswirkungen haben. Die Fluten überstiegen alle bisherigen bekannten Hochwasserpegel in diesem Flußuferbe-reich. Das Innenministerium hat bereits Untersuchungen veranlaßt, wie es dazu kommen konnte, welche Umstände und Ursachen mit im Spiel waren; denn wir müssen auf alle Fälle vermeiden, daß uns so eine böse Überraschung noch einmal trifft. Wir müssen die Vor-sorge erhöhen, Geld gezielt einsetzen, damit ein Sachschaden an Häusern, Autos, Versorgungseinrichtungen in vielfacher Millionen-höhe und das Ausmaß an menschlicher Not und menschlichem Leid, wie wir es erlebt haben, sich nicht wiederholen.

Die notwendigen Maßnahmen: Ursachenforschung und Vorsorge

Daß wir nicht noch viel mehr Opfer beklagen müssen, verdan-ken wir dem selbstlosen tagelangen Rettungseinsatz vieler namen-loser Helferinnen und Helfer, vieler Nachbarn und Mitbürger, den karitativen Vereinen des Ortes, dem Einsatz von Feuerwehr, Sanitä-tern, dem Technischen Hilfswerk und der Bundeswehr, die alle an den Eindämmungsarbeiten mit Sandsackdeichen, am Bau von Bretterwegen und an der medizinischen Erstversorgung beteiligt waren, Leben retteten, Verletzte bargen, halfen, den Schaden zu begrenzen. Ihnen allen gilt unser Dank.

Dank an die vielen Helfer

Aber dieser Einsatz so vieler Männer und Frauen ist von viel grö-ßerer Bedeutung für uns alle. Welchen Trost hätten wir denn, ange-sichts von soviel unverschuldetem Leid und Tod, angesichts solcher Schäden und materieller Verluste für so viele Menschen, wenn da nicht die Solidarität, die uneigennützige Hilfe wäre, die noch Schlimmeres verhinderte.

Solidarität gibt auch Trost

Dieser Trost wird hoffentlich all denen die schwere Stunde ein wenig erträglicher machen, in der sie einen lieben Menschen heute auf seinem letzten Weg begleiten müssen. Auf den Zusammenhalt und die gegenseitige Hilfsbereitschaft, die sich in höchster Not bewährt haben, können wir die Solidarität des Mitfühlens und Mit-leidens gründen, sie sind keine Feiertagsgefühle, sondern real und verbindlich und allein geeignet, allen Betroffenen und Hinterblie-benen in ihrem Leid eine tröstliche Hilfe zu sein.

Offenheit, Verständnis, Solidarität und Hilfe allen Leidtragenden und Geschädigten hier und jetzt zuzusagen, ist genau der Auftrag meines Amtes, dies allein berechtigt mich, hier das Wort zu ergreifen. Das Innenministerium wird alle Möglichkeiten prüfen, den Geschädigten jede erdenkliche Hilfe zuteil werden zu lassen. Sie können auf diese Hilfe vertrauen, auch wenn es ein bißchen dauert. Und Sie können damit rechnen, daß wir unbürokratisch und schnell helfen, wo dies nötig ist.

Verständnis für die Geschädigten und Zusage von Hilfe

 ### Beileidsschreiben des Ministeriums

Sehr geehrter Herr Bürgermeister!

Erschüttert habe ich mitverfolgt, welche schweren Schäden und welches menschliche Leid die extreme Flußüberschwemmung in Ihrer Gemeinde angerichtet hat.

Erschütterung über das Leid

Ich darf Sie bitten, all denen, die einen der Ihren durch dieses Unglück verloren haben, mein herzliches Mitgefühl zu übermitteln. Ich denke auch an die vielen Verletzten, die noch zu leiden haben, und an die vielen, die materielle Schäden zu beklagen haben.

Übermittlung von Mitgefühl

Sprechen Sie bitte Dank und Anerkennung all den zahlreichen Helfern und Organisationen, die Schlimmeres verhütet haben, in meinem Namen aus.

Dank an die Helfer

Wir stehen auch weiterhin mit Hilfe und Rat hinter Ihnen.

In stiller Anteilnahme an Trauer und Sorgen
Der Minister des Innern

 ### Unverhoffter Tod eines Stadtverordneten

Liebe Mittrauernde! Verehrter Herr Oberbürgermeister!

Es spricht die Kulturdezernentin

Wir trauern um Ingo Büttner, wir trauern um den Verlust des Kulturpolitikers Ingo Büttner, den Vorsitzenden des Arbeitsausschusses Kultur der Stadtverordnetenversammlung. Wir trauern um einen respektierten Kontrahenten, um einen geschätzten Freund!

Sein Tod kann niemandem gelegen kommen. Alle Parteien haben Anlaß, mit ihm den Verlust eines Kommunalpolitikers zu beklagen, der demokratischen Stil vorgelebt hat.

Das bedeutet heute viel. Zu selbstverständlich wird von vielen Politik als Tummelfeld eines rücksichtslosen Interessenkampfes verstanden und Demokratie als ein Regelwerk, aus dessen Lücken man persönliche Vorteile zieht. Gegen dieses Mißverständnis von Demokratie hat Ingo Büttner sein Leben lang gekämpft. Zu früh kam dieser Tod, zu viele haben noch mit der Tatkraft des Verstorbenen gerechnet, und vieles würde mit ihm in Zukunft besser laufen.

Ein vorbildlicher Demokrat

Seine politische Karriere, so hat er immer lächelnd erzählt, begann in seinen „braunen" Kindheitstagen mit HJ-Uniform, bunten Rangkordeln und Fanfaren. Was für ihn als Elfjährigen noch so etwas wie Pfadfinderromantik war, gab ihm später dann den Anstoß, sich historisch mit den Machtstrukturen des Dritten Reiches auseinanderzusetzen.

Die politische Laufbahn

Während der Zeit seiner kaufmännischen Ausbildung betätigte er sich aktiv in der Jugendorganisation der ... (Name der Partei) und sammelte so seine ersten politischen Erfahrungen. In seinem späteren Beruf als Handelsvertreter für Musikinstrumente verband sich sein beruflicher Sachverstand mit seinem Interesse für Kunst und Musik und seinem Hobby als Violinist. Dabei ist er immer der Parteiarbeit treu geblieben als einer der Männer, auf die man sich verlassen, mit denen man rechnen konnte.

Engagement in der Kommunalpolitik

Als Leiter des kulturpolitischen Arbeitskreises und als Listenkandidat seiner Partei für das Stadtparlament ist er dann in die Abgeordnetenarbeit hineingewachsen. Er war der typische engagierte Kommunalpolitiker, der die Landes- und Bundespolitik immer nur so weit verfolgte, wie sie Auswirkungen für seine Gemeindearbeit haben mußte. Er brauchte, wie er oft bekannte, die Bürgernähe und auch die Projektnähe, um verantwortliche Politik machen zu können. So ist es nur verständlich, daß sein Einsatz für die Förderung von Musik und Kunst dazu führte, daß er sich viele Verdienste erwarb. Mit seinem Namen verbinden wir heute zahlreiche kulturelle Einrichtungen und Veranstaltungen, die ohne seinen Tatendrang nicht zustande gekommen wären.

Würdigung der Verdienste

Es würde jedoch zu weit führen, all seine Initiativen und Projekte zu nennen. Statt dessen möchte ich sein Hauptanliegen, die Errichtung einer Musikhochschule in unserer Stadt, erwähnen. Er sah darin so etwas wie sein Lebenswerk. Dafür hat er in den letzten Jahren gestritten und alle Hebel in Bewegung gesetzt. Seinem unermüdlichen Einsatz verdanken wir es in besonderem Maße, daß das

Das Lebenswerk

Projekt jetzt kurz vor seiner Realisierung steht. Leider war es ihm nicht vergönnt, die Erfüllung seines großen Wunsches zu erleben.

Deswegen betrachten wir es als unsere Verpflichtung, die jahrelange Arbeit dieses Mannes zu Ende zu führen und zu dokumentieren, daß sie sinnvoll und bedeutsam war. Wir können sein Andenken nicht besser ehren. **Fortführung seiner Arbeit als Verpflichtung**

Ich wünsche mir, daß wir in naher Zukunft in der neuen Musikhochschule eine kleine Feier zu seinem Gedächtnis abhalten können. Wir nehmen heute Abschied von Ingo Büttner. Wir werden ihn und sein Werk in Ehren halten. **Ehrendes Gedenken**

 ## Die Kulturdezernentin kondoliert der Witwe

Sehr geehrte Frau Büttner,

der Tod Ihres Mannes erfüllt mich mit Trauer. Mit ihm verlieren wir einen vorbildlichen Mitstreiter für die kulturellen Belange unserer Kommune, und ich verliere in ihm einen meiner verläßlichsten politischen Freunde. Sein Name verbindet sich schon heute mit dem Projekt der Musikhochschule, und wenn diese dann errichtet ist, werde ich mich dafür einsetzen, daß sie seinen Namen trägt. **Trauer um den Verlust** **Person und Werk**

Hoffentlich kann es Sie ein wenig trösten, daß wir Ihren Schmerz zutiefst mitempfinden, daß eine ganze Stadt um Ihren verehrten Gatten trauert. **Trost im gemeinsamen Schmerz**

Mit stillem Gruß
Die Kulturdezernentin

 ## Beileidsschreiben des Parteivorsitzenden

Sehr geehrte, liebe Frau Büttner,

wir alle, die aktiven Parteimitglieder, meine Frau und ich sprechen Ihnen aus trauerndem Herzen unser Beileid aus. **Worte des Mitgefühls an die Witwe**

Wir sind untröstlich wie Sie und wissen nicht, wie wir damit leben sollen, daß einer unserer erfahrensten und erfolgreichsten Mitstreiter von uns gegangen ist.

Ingo Büttner hat unserer Parteiarbeit den Atem des Persönlichen, die Freude der Gemeinschaftlichkeit täglich vermittelt. Bis in die

Einsatz für das Gemeinwohl

letzten Tage seines erfüllten Lebens hat er sich für seine Heimatstadt und die Menschen eingesetzt. Er hat vorgelebt, daß es in der Politik um das Gemeinwohl geht, welches die Grundlage des Wohles jedes einzelnen ist.

Sein persönlicher Stil

Bei allem kämpferischem Einsatz war sein persönlicher und politischer Stil geprägt von Humor und Herzlichkeit. Mit seiner Art, sich über Protokoll und steife Konventionen hinwegzusetzen, hat er viele Freunde auch unter seinen politischen Gegnern gewinnen können.

Verbundenheit in Schmerz und Trauer

Ihr Mann wird uns sehr fehlen, und wir ahnen, was dieser Verlust für Sie bedeuten muß. Wir fühlen uns in unserer Trauer und in unserem Schmerz mit Ihnen verbunden.

In herzlichem Gedenken
Hans Ditschow
Parteivorsitzender

 Gedenkrede auf einen Förderer des Vereinssports

Rede des Sportdezernenten

Verehrte Frau Willems, sehr geehrte Mittrauernde!

Was ist das Leben angesichts des Todes? Ein Satz dazu geht mir nicht aus dem Sinn, von dem ich nicht einmal weiß, woher ich ihn habe: „Das Leben ist eine Leuchtspur im Angesicht des Todes!"

Sinnspruch und Metapher als Einleitung der Rede

Am Ende des 20. Jahrhunderts fangen wir an, kosmisch zu denken. Schwarze Leerräume mit verglühenden Lichtpunkten von Kometen, Planeten und erlöschenden Sonnen gehören schon zum Vorstellungspotential vor allem von Jugendlichen. Wird diese unsere Erde verglühen im sich verdunkelnden Sonnensystem? Ist unser mikrokosmisches Leben ein Gleichnis solcher Vorgänge im Makrokosmos? Sind wir bestenfalls ein verlöschendes Leuchten? Werden wir überhaupt Spuren hinterlassen?

Zuordnung des Verstorbenen zu diesem „Bild"

Es gibt hoffnungsvollere Vorstellungswelten vom Dasein des Menschen, aber selbst vor einem so düsteren Szenario wie diesem, zu dem uns die Unverständlichkeit dieses plötzlichen Todes und die dumpfe Trauer am Sarge eines solchen Menschen berechtigten Anlaß gibt, eines Menschen, der wie kein anderer Träger von Hoffnungen, der Licht im Dunklen war, zeichnet sich dieses jäh beendete Leben noch als Lichtblick, als Trost im Trostlosen ab.

Dr. Arthur Willems, an dessen Sarge wir hier Abschied nehmen müssen, war der Prototyp des modernen Menschen, der die Energie seines Lebens unbeirrt in Serien sinnvoller Leistungen umzusetzen verstand. Er war kein Grübler, kein Sinn-Sucher. Er hat einen dezidierten Lebensstil vorgelebt. Er hat unbeirrt Sinnvolles getan. Er hat in vielen unklaren Situationen und Zusammenhängen Sinn gesetzt, wo andere ihn vermißten und beklagten, Licht im Dunkeln tatsächlich entfacht. Das erklärt unseren Schmerz, unsere Verzweiflung, daß dieses Licht plötzlich erlosch. Das zwingt uns auch, die Leuchtspur seines Lebens nachzuzeichnen.

Sein Charakter rechtfertigt die Metapher

Sein Chemie-Studium hat er zum großen Teil selbst finanziert, erst als Tennislehrer, dann durch einen Job in einem chemischen Labor. Damit sind auch schon die drei Hauptelemente seines zielstrebigen Lebens genannt: das Engagement in Wissenschaft und Technik, der Sport und der Wille zu Unabhängigkeit und Selbständigkeit.

Drei wesentliche Elemente seines Lebens

So hat er – nach der Promotion – aus kleinen Anfängen seine Firma aufgebaut und gleichzeitig das Tennisspielen mit zunehmenden Erfolgen von Meisterschaft zu Meisterschaft weiter betrieben. Doch eines Tages mußte er die sportliche Karriere zugunsten der wachsenden und ihn völlig absorbierenden Firma aufgeben. Der Entschluß ist ihm schwergefallen und war verbunden mit der bitteren Erfahrung, wie sehr leistungssportliche Erfolge von ausreichendem Zeit- und Geldaufwand abhängen. Er zog daraus die Konsequenz – als Direktor einer chemischen Fabrik und als Mann mit weitverzweigten, persönlichen und wirtschaftlichen Verbindungen, der er schließlich geworden war –, gezielt den Leistungssport zu fördern. So gründete er mit gleichgesinnten Männern und Frauen aus Industrie und Handel den VHF, den Vereinssport-Hilfe-Fonds.

Die besondere Neigung zum Sport

Das große Werk: der VHF

Er zeigte damit auch viel Verständnis für die finanziellen Probleme der kommunalen Sportförderung, die er aus seiner langjährigen, guten Zusammenarbeit mit den städtischen Einrichtungen kannte. Der VHF erfreut sich steigender Mitgliederzahlen und eines wachsenden Etats. Damit werden zunehmend Vereine gefördert, die sich durch besondere Leistungen hervortun. Gleichzeitig bereichert der VHF mit seinen regelmäßigen Sponsorenveranstaltungen das gesellschaftliche Leben unserer Stadt: mit aparten Festivitäten – ich erinnere an den jährlichen Frühlingsball im Rathaussaal –, mit attraktiven Ausflugsfahrten, mit Meetings am Rande und im Ver-

Die Leistungen dieser Institution

lauf von größeren Sportveranstaltungen. Dies alles verdanken wir seiner Initiative und dauernden aktiven Mitarbeit. Diese vielfältigen Aktivitäten stellen ein leuchtendes Beispiel dar, wie unternehmerische Initiative und soziales Engagement Hand in Hand gehen können.

Trost durch den Fortbestand des Fonds

Der Mann, dem unsere Stadt eine enorme wirtschaftliche und sportliche Belebung verdankt, ist nun so früh, viel zu früh von uns gegangen. Sein Werk, seine unternehmerischen Gründungen und auch der VHF werden, das mag uns ein Trost sein, weiterleben. Aber der Wissenschaftler, der engagierte Bürger und vertraute Berater, der Mensch Arthur Willems hat uns für immer verlassen. Diese Leuchtspur ist erloschen und hinterläßt uns die Dunkelheit der Trauer und den Schmerz, den viele Menschen nun empfinden und

Aufforderung, das Werk weiterzuführen

ertragen müssen. Wir, die Gemeinde . . ., müssen mehr tun, als sein Angedenken in Ehren bewahren, wir sind aufgerufen, seine Initiativen so weiterzuführen, wie er es uns vorgelebt hat.

✉   **Die Förderkreis-Mitglieder schreiben der Witwe**

Sehr geehrte Frau Willems,

Reaktion auf die Todesnachricht und Beileid

die Nachricht vom Tode Ihres Mannes traf uns völlig unvorbereitet. Wir sind fassungslos. Wie schrecklich muß das für Sie sein. Wir fühlen und leiden mit Ihnen, und so sprechen wir Ihnen unser herzlichstes Beileid aus.

Würdigung der Person

Ihr Mann war ja nicht nur Gründer unseres Förderkreises, er war auch sein Herz, sein gesellschaftlicher und menschlicher Mittelpunkt. Noch vor zwei Wochen haben wir mit Ihnen beiden diese schöne Fahrt mit der Nostalgie-Bahn gemacht und ihn so vital, so fröhlich und gesellig erlebt. Es wird einige Zeit brauchen, bis wir uns an den Gedanken gewöhnt haben, daß er nicht mehr unter uns ist. Die Zeit wird auch zeigen, wie sehr er uns fehlen wird. Wir können uns überhaupt nicht vorstellen, wie alles ohne ihn weitergehen soll.

Tröstlicher Schlußsatz

Wir alle aber denken in diesen Tagen an Sie und nehmen Teil an Ihrer Trauer.

Die Mitglieder des VHF

Trauerrede für eine verdienstvolle Mitbürgerin

Lieber Herr Dauer, verehrte Anverwandte, liebe Mitbürgerinnen und Mitbürger!

Es spricht die Ortsvorsteherin

Susanne Dauer hat uns verlassen. Unser Ortsteil ist ärmer geworden, er hat an Lebendigkeit verloren, und manches wird nicht mehr so gut laufen, wie wir es gewohnt sind. Ihr vertrautes Erscheinungsbild, ihre freundliche Art zu helfen und zu beraten, ihren Humor und Witz, ihre guten Einfälle, alles das wird uns fehlen. Wir trauern heute gemeinsam um sie, und wir werden ihr noch lange nachzutrauern haben. Diese Frau hat ein Gutteil der Arbeit erledigt, einen großen Teil jener Aufgaben bewältigt, ohne die eine Ortsverwaltung nicht funktionieren kann. Zugleich war sie so etwas wie der soziale Brennpunkt des Bürgerlebens. Jeder, der in der Gemeinde in irgendeiner Funktion aktiv war, hat sie gekannt, hat sich auf sie verlassen können und bei Fragen und Problemen sich an sie wenden können.

Klage über den Verlust des Menschen

Das Wirken der Verstorbenen

Und doch dürfte den meisten von uns nur dieser Teil ihres Lebens bekannt sein. Überblickt man ihre Biographie, so zeichnen sich drei große Lebensabschnitte ab.

Rückblick: Drei Lebensabschnitte

Susanne Dauer stammte aus einem jener schönen Weinorte, die mit ihren Fachwerkhäusern und ihren Weingütern die südliche Weinstraße schmücken. Hier verbrachte sie Kindheit und Jugend. Hier wurde auch – so denke ich – ihr Bürger- und Gemeinsinn geprägt, ihr Sinn für Geselligkeit, die Freude am gemeinsamen Feiern, das Verständnis für die soziale Umwelt, in der jeder jeden oder fast jeden kennt.

Kindheit und Jugend im Weindorf

Nach dem Besuch der Handelsschule in der Kreisstadt tritt sie dann in eine neue, anders strukturierte Lebenswelt ein. Sie beginnt ihre Berufstätigkeit im Büro einer größeren Firma in einer süddeutschen Großstadt.

Erste Berufstätigkeit in der Großstadt

Das Großstadtleben hat sie zunächst gelockt und fasziniert. Jetzt, wo sie eigenes Geld verdiente, konnte sie die städtischen Kauf- und Freizeitangebote wahrnehmen. Andererseits fehlte ihr die Geborgenheit des gewohnten sozialen Umfeldes. Sie litt unter der Anonymität. Sie fand deshalb in ihrer Haus- und Wohngemeinschaft zusätzliche Aufgaben, indem sie für ihre Mitmieter Beschwerden formulierte, Anträge ausfüllte und sich nach und nach auch beratend nützlich machen konnte. Bei der Neuvermietung einer

Zwiespältige Erfahrungen

Wohnung ihres Blockes lernte sie den Mieter kennen und lieben, und nach einem Jahr wurde geheiratet. Zwei Kinder wuchsen heran, richtige Großstadtkinder, die das Heimatdorf der Mutter wohl gern besuchten oder dort ihre Ferien verbrachten, aber lieber in der Stadt leben wollten.

Die Vorortgemeinde als endgültige „Heimat"

Als ihr Mann dann beruflich in die hiesige Region versetzt wurde, wählte Susanne Dauer bewußt als Wohnort unsere noch ein wenig dörflich geprägte Vorortgemeinde. Hier ließen sich die Lebensbedürfnisse aller Familienmitglieder vereinigen.

Der Zufall wollte es, daß das Sekretariat des damaligen Ortsvorstehers neu besetzt werden mußte. So fand Susanne Dauer ihr neues Aufgabenfeld. Für unsere Ortsteilgemeindeverwaltung hat sie lange Jahre gearbeitet und vieles bewirkt. An unserem Gemeindeleben hat sie vielfältig teilgenommen, sowohl ernst als auch heiter: einerseits ihr engagierter Einsatz in der Frauensozialarbeit, andererseits die aktive Mitgliedschaft im Karnevalsverein. Sie hat bis zuletzt im gemischten Chor mitgesungen und das Frauenturnen ins Leben gerufen. Ich muß nicht alles aufzählen, um zu sagen: Sie und ihre Familie haben hier ihre zweite Heimat gefunden.

Unermüdlicher Einsatz für die Gemeinde

Wir bestatten sie heute auf ihren ausdrücklichen Wunsch auf unserem Ortsfriedhof. Nicht nur ihr Grabstein wird uns immer an sie erinnern, auch in unseren Köpfen und Herzen verankern wir ihr ein getreues und dankbares Andenken. Wer könnte sie vergessen, unsere Susanne Dauer!

Ehrung und Angedenken

 Die Ortsvorsteherin kondoliert dem Witwer

Sehr geehrter Herr Dauer,

im Namen aller Mitarbeiterinnen und Mitarbeiter der Ortsverwaltung spreche ich Ihnen mein allerherzlichstes Beileid aus zum Tod Ihrer lieben Frau.

Ihre Zustimmung vorausgesetzt, möchte ich bei der Beisetzung gerne ein paar Worte sprechen. Ihre Frau war nicht nur, wie man so oft sagt, „die rechte Hand" ihrer Chefin, sie war oft auch die linke und mehr: Sie hat mir so viele Aufgaben abgenommen, daß ich ohne sie gar nicht geschafft hätte, meinen Amtspflichten nachzukommen. Ich konnte mich in allen Dingen uneingeschränkt auf sie verlassen, weil sie sich mit ihren Aufgaben identifizierte. Im Grunde

Würdigung von Person und Leistung

haben wir wie zwei Kolleginnen zusammengearbeitet und uns dabei freundschaftlich und gut verstanden.

Der Schmerz über den Verlust ist groß, besonders groß für Sie, Herr Dauer, aber auch für alle, die sie kannten und schätzten. Ich denke, viele Mitbürger werden Ihnen fühlbar machen, wie sehr sie Anteil nehmen. Ich hoffe, daß Sie hierin etwas Trost finden.

Wir werden Ihrer Frau ein ehrendes Andenken bewahren.

Gemeinsamkeit im Schmerz und ehrendes Gedenken

Ihnen in Trauer verbunden
Clara Hild
Ortsvorsteherin

Extrakapitel:
Danksagung

Die negative Seite: eine unangenehme und umfangreiche Aufgabe

In den schweren Tagen und Wochen nach einem Trauerfall scheut so mancher – verständlicherweise – vor der Erledigung der „Briefpost" zurück. Schon allein die Fülle der Beileidsschreiben kann abschrecken. Zudem schreibt man vielleicht überhaupt nicht gern Briefe und hat darin auch keine Übung. Läßt sich nicht besser alles per Telefon erledigen?

Sicher nicht alles. Viele Absender der Kondolenzbriefe stehen einem doch zu fern, als daß man sie so eben mal anrufen könnte, und die formellen *Danksagungskarten,* die beim Beerdigungsinstitut erhältlich sind, wirken in vielen Fällen zu unpersönlich, so daß man doch gezwungen ist, etwas dazuzuschreiben.

Betrachten wir die Sache mal von ihrer positiven Seite. Gerade für die Zeit seelischer Erschütterung bietet das Schreiben von Danksagungen die Chance, sich neuen Halt zu verschaffen, indem man nach und nach den Kreis der Anteilnehmenden im Geiste durchgeht, sich

Die positive Seite: „Trauerarbeit" leisten und neue Orientierung finden

Gedanken über die wechselseitigen Beziehungen macht, ob und was sie für die Zukunft noch bedeuten können, was sie einmal bedeutet haben. Dies ist ein wichtiger Teil der *„Trauerarbeit",* die unsere Psyche nach dem Verlust eines lieben Menschen leisten muß, denn auf diese Weise beschäftigen wir uns immer wieder mit der/dem Verstorbenen. Zugleich tun wir einen wichtigen Schritt zur Neuordnung unseres Lebens. Das Schreiben von Danksagungen bietet uns also eine Chance, die wir nicht unterschätzen sollten. Es wird uns seelischen Halt geben und ein wenig Zufriedenheit bringen – wenn wir uns nur erst einmal darauf einlassen.

Der erste Schritt: Kondolenzbriefe sortieren

Zunächst einmal gilt es, einen Überblick zu gewinnen, indem Sie den Poststapel sortieren. *Einteilungsprinzip* dabei ist der Grad der persönlichen oder verwandtschaftlichen Nähe oder der gesellschaftlichen Distanz. Gehen Sie dabei von den unproblematischen zu den mehr oder weniger problematischen „Fällen" vor.

Die erste große Gruppe umfaßt all jene Kondolenzen, für deren Beantwortung die gedruckte Danksagung, ergänzt um Ihre Unterschrift und einen Gruß, völlig ausreicht. Eine zweite Gruppe ergibt sich, wenn Sie die Briefe zusammenfassen, die mit zwei, drei Sätzen (siehe unten) zuzüglich Gruß und Unterschrift angemessen beantwortet sind. Die Restgruppe erfordert nun, daß Sie wirklich etwas mehr schreiben. Aus ihr können Sie eventuell noch die (wenigen) Briefe heraussortieren, die Ihnen besonders viel bedeuten und die Sie deshalb mit einem langen Schreiben beantworten wollen.

Kriterien für die Einteilung der Briefe

Die sich so ergebenden drei bis vier Gruppen lassen sich in einem letzten Schritt nach der *Dringlichkeit der Beantwortung* sortieren. Wenn Sie nun noch einen ungefähren *Zeitplan* für die Erledigung Ihrer „Briefschulden" entwerfen, dürfte Ihnen das Thema „Danksagung" keine schlaflosen Nächte mehr bereiten.

Zeitplan für die Beantwortung

Einige Tips zum Inhalt

Wählen Sie unter den konfektionierten Danksagungen solche mit Ihnen passenden Wendungen aus, vielleicht zwei, drei verschiedene. Die gedruckten Formeln des Dankes müssen Sie nicht unbedingt wiederholen. Sie können sie aber noch einmal persönlicher fassen, wie die folgenden Beispiele zeigen:

Deine lieben Zeilen waren sehr tröstlich für mich.
Wenn ich mich wieder ein wenig gefangen habe, werde ich Dir gerne ausführlicher schreiben.

Kurze Textergänzungen für Danksagungskarten

Mit herzlichem Dank ...

Sie haben in Ihrem Schreiben so schöne und trostvolle Worte gefunden, daß ich Ihnen dafür besonders danken möchte.

Ihr/e ...

In diesen letzten Tagen und Wochen habe ich die vielfache Anteilnahme, darunter besonders Ihr liebevolles und mitfühlendes Schreiben als tröstlich empfunden.

Herzlichen Dank!

Anknüpfungs-punkte in den Kondolenz-schreiben

Längere Danksagungen antworten in der Regel auf ausführlichere Kondolenzschreiben. Diese bieten Ihnen, wenn Sie sie in aller Ruhe nochmals durchlesen, viele Anhaltspunkte, auf die Sie reagieren können. Markieren Sie bestimmte Stellen im Beileidsbrief, oder machen Sie sich auf getrenntem Papier Notizen. Halten Sie auch schon ganze Sätze, die Ihnen spontan einfallen, fest.

Was kann Ihr Brief nun außerdem enthalten?

Die eigene Lage

Schreiben Sie etwas über Ihre *derzeitige Situation*. In der Ausführlichkeit oder Knappheit, die Ihnen angemessen scheint, können Sie über den Gang der Ereignisse, die Probleme, die nach dem Todesfall auf Sie zukamen, Ihre Gefühle u. a. berichten.

Vielleicht halten Sie bei dieser Gelegenheit ein paar Gedanken schriftlich fest, die Ihnen in letzter Zeit durch den Kopf gegangen

Erinnerungen und Hoffnungen

sind: Ihr Verhältnis zu der/dem Verstorbenen, *Erinnerungen,* die Ihnen jetzt teuer geworden sind (besonders, wenn diese etwas mit dem Adressaten zu tun haben), Überlegungen (Hoffnungen, Befürchtungen) in bezug auf die Zukunft.

Das Ende eines solchen Briefes gibt Ihnen die Möglichkeit, die *Beziehung zum Adressaten* neu zu bestimmen. Sie können unver-

Neubestimmung der Beziehung zum Adressaten

bindlich alles offen lassen oder so formell schließen, daß spürbar wird, wie wenig Interesse Sie an einer Fortführung der Beziehung haben. Oder Sie signalisieren, wie interessiert Sie am weiteren Kontakt sind, bis hin zu konkreten Vorschlägen für gemeinsame Unternehmungen.

Mustertexte

 Witwe antwortet einem befreundeten Paar

Liebe Annemarie, lieber Uwe,

es ist so tröstlich, in Euch so liebe Freunde zu haben. Mit wieviel Anteilnahme habt Ihr die Geschehnisse der letzten Wochen verfolgt und rührend versucht, mich zu trösten. Aber was heißt Trost? Seit Hans nicht mehr da ist, ist eine schützende Hülle von mir abgefallen. Ich stehe im Freien und friere. Dazu kommt der Schmerz. Wenn man mit so vielen Fasern zusammengewachsen war, tut jede einzelne weh, sobald man wieder daran rührt. **Ausdruck von Einsamkeit und Schmerz**

Ihr habt Recht, ich muß jetzt auf meine alten Tage noch einmal von neuem selbständig werden. Mein Kopf sagt mir auch, daß ich das kann, daß ich es schaffen werde. Ich mache mir viele Gedanken über die Zukunft. Aber die Gefühle spielen noch nicht so recht mit. Immer wieder überfällt mich so etwas wie Verzweiflung und Angst. Nun, es braucht eben seine Zeit, bis ich alles verarbeitet habe. Ich muß geduldig sein und alles ertragen. **Aufnahme eines Gedankens der Kondolenz**

Manchmal hole ich meine Trauerpost hervor. Euren Brief habe ich schon mehrmals gelesen und mich dabei immer wieder gefreut, Euch zu haben, zu wissen, daß Ihr an mich denkt und mich versteht. **Die Trauerpost als Trost**

Ich hoffe, daß ich bald wieder etwas umgänglicher sein werde. Dann wird uns sicher was Nettes einfallen, was wir zusammen unternehmen können und was mich ein wenig ablenkt. **Hoffnung auf gemeinsame Unternehmungen**

Bis dann
Eure Ingrid

 Witwe schreibt einer guten Bekannten (schon länger verwitwet)

Liebe Frau Hergenrath!

Ich danke Ihnen sehr für Ihre Anteilnahme und dafür, daß Sie mir so ausführlich geschrieben haben. Ja, vielleicht muß man sich tatsächlich mehr an anderen orientieren, die ähnliches durchgemacht haben. So konnten Sie auch gut nachempfinden, wie es mir ergan- **Dank und Anknüpfung an die Kondolenz**

Schilderung der Ereignisse und Empfindungen

gen ist. Im nachhinein konnte ich feststellen, wie gut es war, daß die Tage mit dringenden Erledigungen ausgefüllt waren: mit Telefonaten, Besprechungen, Behördengängen. Ohne meine Tochter, die sich eine Woche Urlaub nahm und sich bei mir einquartierte, hätte ich die Organisation der Beerdigung nicht geschafft. Das Schwierigste hat sie mir abgenommen: die Übernachtungen für die Gäste von auswärts, die Bestellung und Auswahl des Essens und vieles andere mehr. Da merkt man doch, daß man alt geworden ist und nicht mehr diese Energie aufbringt.

Dann hat meine Tochter mich eine Woche mit zu sich nach Würzburg genommen. Sie mußte ja wieder arbeiten, aber ich hatte doch Familie um mich und konnte mich nachmittags ein bißchen um meine Enkelkinder kümmern. Na, ich weiß nicht, vielleicht hätten sie ihre Schulaufgaben lieber alleine oder gar nicht gemacht. Schöne Ausflüge in die Mainlandschaft haben wir auch unternommen. Aber so richtig genießen konnte ich das leider alles nicht.

Wichtigkeit des Briefeschreibens für die Hinterbliebene

Jetzt sitze ich wieder in meiner so still gewordenen Wohnung und komme auch mal zum Briefeschreiben. Ich wünsche mir, da wir uns ja so selten sehen, daß wir diesen Briefwechsel ein wenig fortsetzen können. Ich merke, daß es mir gut tut, Ihnen zu schreiben. Wenn Sie also Lust dazu verspüren, antworten Sie mir bitte bald!

Mit allen lieben Grüßen
Ihre Emmy

 Witwer dankt einem befreundeten Opernfan

Sehr geehrter, lieber Herr Meyer-Viess,

Formeller Dank und Darstellung der derzeitigen Situation

Ihnen möchte ich besonders danken für Ihren teilnehmenden Brief zum Tode meiner lieben Frau. Noch bin ich ganz benommen und niedergedrückt von all dem Trubel, diesen traurigen aber notwendigen Zeremonien, Terminen und Erledigungen.

Was hat das alles mit ihr zu tun? denke ich manchmal. Sie ist so plötzlich von mir gegangen, und ich kann nicht schlagartig Witwer und Single sein. Für mein Gefühl ist sie immer noch da. Nur daß ich sie nicht mehr treffe, überall da, wo sie sonst war. Das ist das Gräßlichste!

Wie Sie sehen, lenke ich mich mit meinen neuen Pflichten ab. Ich habe etwa 60 Danksagungen zu schreiben. Sie sollen einer der ersten sein, bei dem ich mich auf diesem Wege melde. Vielleicht werde ich in Zukunft mehr Zeit für unser gemeinsames Hobby, die Oper, haben. Nur im Moment ist mir – wie Sie verstehen werden – noch nicht danach. Ich werde mich bestimmt wieder bei Ihnen melden.

Das gemeinsame Hobby – Hoffnung für die Zukunft

In dankbarer Verbundenheit grüßt Sie Ihr alter Freund
Herbert Willinger

 Mädchen, deren Mutter verstarb, schreibt an ein befreundetes junges Paar

Hallo, lieber Kai, liebe Sandra,

ich danke Euch für Euren Brief zum Tode meiner Mutter. Ihr wißt, daß mein Verhältnis zu ihr nicht einfach war. Doch ihr Tod, auch wenn er nicht überraschend kam, war es noch weniger. Schon die Umstände, all die Hektik, die ich nicht leiden kann, und all die Dinge, die man tun muß, weil sich das so gehört, weil alle das erwarten. Aber das Schlimmste war, daß Mutter nun für immer weg ist. Tot und aus! Damit muß man erst mal fertig werden.

Formeller Dank, Beschreibung der eigenen Lage

Ich fange auch an, mein Verhältnis zu ihr neu zu überdenken, obwohl ich eigentlich kein Grübel-Typ bin. Dafür fühle ich mich noch zu jung. Aber wenn ich denke, daß ich so sterben muß wie sie, so relativ früh und so wenig schön! Schreiben kann man das alles nicht so genau. Ich hoffe, Ihr besucht mich in absehbarer Zeit. Dann können wir uns richtig aussprechen. Im Moment ist mir nicht danach. Vergeht vielleicht auch wieder!

Persönliche Reaktion auf den Tod

Hoffnung auf einen späteren Besuch

Jedenfalls hat mich Euer Brief gefreut. Ihr seid eben richtige Freunde, und ich rechne in Zukunft noch mehr auf Euch.

Vielleicht schickt Ihr auch mal wieder was Briefliches ab!

Herzlichst
Eure Susanne

Die Eltern eines nach Krankheit verstorbenen Jungen schreiben einer befreundeten Familie

Liebe Familie Schultze,

Die momentane Situation: Gefühle, Erfahrungen

jetzt sind schon fünf Wochen vergangen, seit wir unseren geliebten Sohn, unseren Thomas, zu Grabe tragen mußten. Aber wir empfinden diese Zeit nicht. Es ist alles wie gestern. Noch können wir keinen Abstand gewinnen. Das Leben geht aber so normal weiter, als sei nichts geschehen, auch das mutet einem seltsam an. Mein Mann und ich haben heute die vielen Kondolenzbriefe noch einmal

Dank für die Anteilnahme

gelesen, und da hat es mich gepackt, Ihnen zu antworten. Sie haben sich so eingehend nach allem erkundigt, daraus sehe ich, wie sehr Sie teilnehmen an unserem großen Unglück. Das haben wir als tröstlich empfunden.

Noch nicht verwunden: die tödliche Krankheit des Verstorbenen

Von Thomas' Krankheit haben wir bis vor einiger Zeit nichts gewußt. Er hat ja sein eigenes Leben ganz für sich geführt und darüber nie mit uns gesprochen. Erst als wir ins Krankenhaus gerufen wurden, hat er uns dann reinen Wein eingeschenkt. Sie können sich vorstellen, welcher Schrecken uns ergriff. Dieses panikartige Gefühl des Entsetzens hat uns dann all die Wochen bis zu seinem Tod nicht mehr verlassen, und noch heute, nachdem er doch schon längst alles Leiden hinter sich hat, sitzt es uns immer wieder im Nacken.

Formelhafter Schluß und nochmaliger Dank

Was das Alltägliche angeht, kommen wir zwei, Hermann und ich, schon ganz gut zurecht. Es geht, wie gesagt, alles weiter seinen Gang.

Wir hoffen, daß es Ihnen gut geht und möchten Ihnen besonders danken für Ihre Teilnahme und Ihr Mitgefühl.

Ihre Sylvia und Hermann Vollmer

 Witwer antwortet der Chorleiterin seiner Frau

Liebe Frau Leibrecht,

Formeller Dank

für Ihren lieben, herzlichen Brief und Ihre Anteilnahme am Tode meiner Frau danke ich Ihnen sehr. Auch für die freundliche Spende für den Grabschmuck: herzlichen Dank!

Meine Frau hat es sehr bedauert, daß sie in den letzten Jahren nicht mehr am Chorsingen teilnehmen konnte. Es hat ihr immer sehr viel bedeutet. Aber es ging ja nun nicht mehr mit ihrer Stimme. Die Altstimme meiner Frau, die schönen Chöre, die Sie, liebe Frau Leibrecht, einstudiert und mit so viel positiver Resonanz aufgeführt haben, gehören zu den besonderen Erinnerungen meines Lebens. Erst wenn man Trost nötig hat, vermag man zu schätzen, wieviel Trost Musik geben kann.

Würdigung der Beziehung der Adressatin zur Verstorbenen

Ich wünsche Ihnen noch viele erfolgreiche Jahre für Sie und Ihre Chorsängerinnen.

Mit herzlichen Grüßen
Michael Stock

 Witwe dankt einem Jugendfreund ihres Mannes

Lieber Herr Seitz,

Sie haben sich in Ihrem hohen Alter die Mühe gemacht, zur Beerdigung meines Mannes zu kommen. Ich möchte Ihnen sagen, wie sehr ich das zu schätzen weiß und danke Ihnen herzlich. Ich war sehr gerührt, daß Sie Ihrem alten Jugendfreund diese letzte Ehre erwiesen haben. Auch für das schöne Bukett danke ich Ihnen.

Anknüpfung an das hohe Alter und Würdigung als besondere Geste

Ihnen und Ihrer lieben Frau alle guten Wünsche für Gesundheit und Wohlergehen.

Ihre Regine Twistler

 Witwer schreibt an den ehemaligen Arbeitgeber seiner Frau

Sehr geehrter Herr Dr. Fuchs,

zum Tod meiner lieben Frau haben Sie mir so außerordentlich mitfühlende und tröstende Worte zukommen lassen, daß ich mich bei Ihnen dafür besonders bedanken möchte. Sie schrieben so viel Anerkennendes über die berufliche Arbeit und so viel Verständnisvolles über die Persönlichkeit meiner Frau, daß ich daraus ersehen konnte, wie gut Sie sie kannten und wie sehr Sie sie schätzten. Das gab mir in der schmerzhaften Zeit nach der Trennung ein wenig Trost und Halt. Es ist tröstlich zu wissen, daß auch andere gesehen haben, was für ein wertvoller Mensch sie war!

Besonderer Trost durch die Hochschätzung der Verstorbenen

Meiner Frau hat ihr Beruf und ihr Interesse für „das Juristische" sehr viel bedeutet. Sie hat es immer bedauert, nicht selbst Rechtsanwältin zu sein. Deshalb war sie immer engagiert für ihren Job und immer voll Hochachtung für ihren „Chef".

Erinnerung an die Partnerin

Ihr Berufsleben hat ihr Selbständigkeit und Selbstbewußtsein gegeben. So war sie für mich eine Partnerin, die ich respektierte, die mir imponierte und die immer für anregenden Gesprächsstoff und Gedankenaustausch sorgte. Sie können sich vorstellen, wie leer und öde ich mein Leben jetzt empfinde.

Haben Sie nochmals herzlichen Dank für Ihre Anteilnahme und Ihre herzlichen und tröstlichen Worte.

Hans Wittecker

✉ **Witwe dankt dem Bürgermeister für seine Kondolenz**

Sehr geehrter Herr Bürgermeister,

Formeller Dank

für Ihr respektvolles und teilnehmendes Schreiben zum Tod meines Mannes danke ich Ihnen sehr.

Trost durch Anerkennung

Es hat mich in meiner Überzeugung bestärkt, daß mein Mann durch seine berufliche Tätigkeit Anerkennung gefunden hat, daß er sein Leben sinnvoll gelebt hat, daß seine Arbeit wichtig war für viele Menschen und für unsere Stadt.

Trost durch den Erfolg des Verstorbenen

Als Ehefrau ist man oft etwas eifersüchtig auf das berufliche Engagement des Mannes, und mein Mann war wirklich mit seinem Beruf „verheiratet". Die Fragen und Aufgaben der Abfallwirtschaft einer Kleinstadt sah er nicht nur als Verwaltungsroutine an, sondern als eine wichtige ökonomische und ökologische Perspektive für die Zukunft. Wir haben oft darüber diskutiert! Sein Ehrgeiz war, beispielhafte Lösungen zu finden und sie realisierbar zu machen. Er hat damit Zustimmung gefunden und Erfolg gehabt. So bestätigt es Ihr Brief zum Tod meines Mannes. Das hat mir Trost gegeben. Ich danke Ihnen sehr!

Irene Sommer

Witwe eines Staatsanwalts dankt dem Gerichtspräsidenten für das Beileidsschreiben

Sehr geehrter Herr Präsident!

Für Ihre freundschaftliche und herzliche Anteilnahme am Tode meines Mannes möchte ich Ihnen heute von Herzen danken.

    Es ist ein mehrfacher Dank! Einmal haben Sie es sich nicht nehmen lassen, mit uns die letzten Schritte zum Grabe zu gehen und dort Abschied zu nehmen. Zudem haben Sie für einen so schönen und würdigen Kranz gesorgt, mit dem Gruß der Kolleginnen und Kollegen! Und schließlich haben Sie mir diesen trostreichen Brief geschrieben, für den ich mich besonders bedanken möchte!

    Es hat mir in dieser schlimmen Situation gut getan zu lesen, wie sehr Sie die Arbeit und Kollegialität meines Mannes geschätzt haben. Dies hat – das darf ich heute sagen – durchaus auf Gegenseitigkeit beruht. Mein Mann hat immer mit Hochachtung von Ihnen gesprochen. Überhaupt hat ihn ja seine Arbeit völlig ausgefüllt. Da er mich teilnehmen ließ und gerne etwas mit mir besprach, habe ich auch davon profitiert und habe ihn und seine juristische Tätigkeit besser verstehen gelernt.

    Nach so vielen Ehejahren muß man erst wieder einen neuen Lebensstil entwickeln, und das wird seine Zeit dauern. Im Augenblick bin ich froh um die vielfältige Verbundenheit, die mir Freunde, Verwandte und Bekannte beweisen. Diesen Trost, dieses Gefühl, verstanden zu werden, habe ich auch von Ihnen erfahren.

Margot Riemer

Formeller Dank

Dank im einzelnen (Steigerung)

Gegenseitige Hochachtung der Kollegen (Anknüpfung an die Kondolenz)

Trost durch die Verbundenheit

 Beamten-Witwe dankt der Behörde

Sehr geehrte Damen und Herren,

für die Anteilnahme Ihrer Behörde am Tode meines Mannes sage ich Ihnen meinen Dank.

    Dieser Dank gilt insbesondere Herrn Scherer für seine würdige Ansprache im Namen der Kollegen. Ebenso danke ich für den sehr schönen Kranz des Regierungspräsidenten.

Mit freundlichen Grüßen
Martha Withecker

Formeller Dank

Dank im einzelnen

Anhang: Praktisches und Philosophisches

Der abschließende Buchteil enthält noch einmal zwei konkrete Arbeitshilfen, die Ihnen beim Verfassen des Rede- oder Brieftextes gute Dienste leisten:

► ein kleines Nachschlagewerk mit Ausdrücken und feststehenden Wendungen zum Themenfeld „Tod und Trauer",
► eine Sammlung mit Zitaten und Aphorismen.

Betrachten Sie auch diese beiden Kapitel als Angebot und Anregung für eigene Gedanken und Formulierungen. Ganz zum Schluß werden unter der Überschrift „Nachdenken über Tod und Trauer" einige philosophische Positionen abgesteckt. Sie sollen dem Briefe- und Redenschreiber den Zugang zu dieser „heiklen" Materie erleichtern und damit helfen, in dieser für alle Betroffenen so schwierigen Lage die richtigen, d. h. situationsgerechten und tröstenden Worte zu finden.

Wörterbuch

Die folgende Liste mit Textbausteinen gliedert sich in zwei Teile. Im ersten Teil finden Sie nach zentralen Begriffen alphabetisch geordnet Variationsmöglichkeiten für Formulierungen, insbesondere für Nomen-Verb-Verbindungen. Hier können Sie sich ganz allgemein anregen lassen oder das für Ihre Absichten Passende auswählen.
Der zweite Teil enthält Sätze und Wendungen, die sich vorrangig in Kondolenzschreiben einsetzen lassen, und zwar am Anfang oder am Ende als Ausdruck für Trauer, Gedenken, Mitgefühl. Deshalb sind sie gesondert zusammengestellt worden. Sie können die Formulierungen aber auch mit leichten Abwandlungen in Reden und Danksagungen verwenden.

Sinnverwandte Wörter und Ausdrücke

Abschied / Trennung
Abschied nehmen, sich verabschieden, ein letztes Lebewohl sagen, sich tren-

nen für immer, sich ablösen, sich nie
wiedersehen, sich lösen; eine Abtren-
nung erleiden, die Trennung akzeptieren, sich schmerzhaft (ab)trennen
müssen von jemand, durch den Tod
getrennt / geschieden werden, an der
Grenze zwischen Leben und Tod
stehen

begraben / Begräbnis
Trauerfeier, Beerdigung, (Feuer-)Bestat-
tung, (Urnen-)Beisetzung; bestatten,
beisetzen, beerdigen; (Urnen-)Grab,
Begräbnisplatz, Gruft, Grube

Hoffnung
hoffen, voller Hoffnung sein, die Hoffnung nicht aufgeben / verlieren, die
Hoffnung haben, jemandem Hoffnung
machen, nicht alle Hoffnung fahren lassen, Hoffnung hegen, wieder Hoffnung
schöpfen, nicht in Hoffnungslosigkeit /
Ausweglosigkeit verfallen, einen Hoff-
nungsschimmer sehen, nicht in Pessi-
mismus verfallen, optimistisch bleiben,
wieder guter Dinge sein / werden, sich
nicht der Verzweiflung anheimgeben,
jemandem (nicht) die / alle Hoffnung
nehmen / rauben, hoffnungsvoll / hoff-
nungsfroh sein, zuversichtlich sein, voller Zuversicht / Optimismus sein, in die
Zukunft schauen, jemandem Mut zusprechen / machen, nicht den Mut verlieren / nehmen

Leid
ein Leid, eine Pein, eine Qual empfinden / erleiden / durchmachen / ertragen
müssen, der Marter ausgesetzt sein,

sich dem Gram (nicht) beugen, Kum-
mer haben / empfinden / verspüren, unter einem Leidensdruck stehen, von
Jammer erfüllt sein, in Not geraten,
Leiden ertragen, leiden unter

Mitgefühl
Mitgefühl haben / zeigen / zum Ausdruck bringen / aussprechen, seinem
Mitgefühl Ausdruck geben, ein tiefes /
lebhaftes / echtes / starkes / inniges Mitgefühl, den Schmerz, das Leid etc. mitfühlen / miterleben / nachvollziehen
können

Schmerz
Schmerz(en) verursachen / auslösen /
bereiten / empfinden / nachempfinden
können / mitfühlen / haben / ertragen /
erleiden / aushalten / durchstehen müssen, schmerzlich / schmerzhaft berührt
sein / werden, von Schmerz erfüllt sein /
werden, Schmerz verwinden müssen /
können, Schmerz stillen / dämpfen /
lindern, schmerzen, weh tun, schmerzhaft sein, etwas als schmerzlich empfinden, von Schmerz betäubt, ein betäu-
bender Schmerz, den Schmerz betäu-
ben, schmerzempfindlich sein

Tod / Sterben
ein ruhiger / schöner / schmerzloser /
langsamer / qualvoller / bitterer / früher / plötzlicher / unerwarteter / erlö-
sender / überraschender / unbegreifli-
cher Tod, der Tod kam / nahte / trat ein /
erlöste / überraschte, einen sanften /
schweren / ... Tod haben / erleiden
(müssen), der (die) Schrecken des

Todes, die Bitterkeit / Bitternis des Todes, tödlich / auf den Tod erkranken,
jemanden über den Tod hinaus lieben /
schätzen / achten, der Tod ist unerbitt-
lich / stand vor der Tür / schloß ihm die
Augen / nahm ihm die Feder aus der
Hand, plötzlich / unerwartet sterben /
aus dem Leben gehen / das Leben verlassen müssen
in der Blüte der Jugend / hochbetagt /
als guter Christ sterben, über seiner
Arbeit / in den Armen seiner Frau sterben, die sterbliche(n) Hülle (Überreste)

Trauer
trauern, mittrauern, Trauer / Trauerklei-
dung tragen, von Trauer erfüllt sein,
(sehr / unendlich) traurig sein, Trauer
empfinden, Trauerarbeit leisten, die
Traurigkeit nicht los werden; von Wehmut / Melancholie / Schwermut ergrif-
fen / erfüllt sein; Freudlosigkeit /
Gedrücktheit empfinden oder darunter
leiden; niedergeschlagen sein, trübsin-
nig werden, bedrückt / bekümmert sein,
Bedrücktheit empfinden, Kümmernis
empfinden, mutlos werden, verzagen,
resignieren, in (eine) Depression verfallen; ein seelisches Tief erleiden, melan-
cholisch werden, schwermütig sein

Trost
Trost erfahren / empfinden / brauchen /
spenden / zusprechen / geben / schen-
ken / bieten / gewähren; eine Tröstung
sein, erfahren etc.; Zuspruch erhalten /
bekommen / brauchen; ein(e) Balsam /
Labsal sein, Erquickung bringen, gewähren

Trostlosigkeit
trostlos sein, untröstlich sein, (nicht) in
Trostlosigkeit verfallen, (k)eine Leere
empfinden, (nicht) in eine Ausweglosigkeit geraten / verfallen

Formeln für Kondolenzbriefe

Achtung / Anerkennung
Sein Vermächtnis wird uns eine dau-
ernde Verpflichtung sein.
Sie / Er wird durch sein Werk (ihre /
seine Verdienste / Leistungen) weiterleben und weiterwirken.
Ich / Wir denke(n) an sie / ihn mit Anerkennung und Respekt.

**Andenken / Gedenken / Erinnerung /
Gedächtnis**
Dies bestimmt unser Andenken an
(diesen einzigartigen Menschen / diese
große Persönlichkeit o. ä.).
Erlauben Sie mir, mit Ihnen zu trauern
und in stillem Gedenken bei Ihnen zu
sein.
Ihr / Sein Andenken bleibt unvergessen.
Ihr / Ihm gilt unser ehrendes Andenken.
Wir werden ihr / ihm unser ehrendes
(bleibendes) Andenken bewahren.
Ich / Wir grüße(n) Sie in herzlichem
Gedenken (in stillem Gedenken).
Sie / Er wird in unserem Gedenken
weiterleben.
Sie / Er wird immer einen festen Platz
in unser Erinnerung einnehmen.
Sie / Er wird in unserer Erinnerung
weiterleben.

Wir werden die Erinnerung an ... in hoher Achtung bewahren.
Wir werden sie / ihn in lebendiger Erinnerung behalten.
Sie / Er wird stets in unser aller (meinem) Gedächtnis bleiben.

Anteilnahme / Teilnahme
In tiefempfundener (stiller / herzlicher) Teilnahme.
Ich nehme tiefen Anteil an Ihrer Trauer.
Ich möchte Ihnen meine herzliche Teilnahme aussprechen.
In Freundschaft (Dankbarkeit) und Anteilnahme grüßen ...
In aufrichtiger Anteilnahme ...

Beileid
Im Namen ... spreche ich Ihnen unser (aufrichtiges) Beileid aus.
Ich bitte Sie, mein Beileid auch den Angehörigen (von ...) zu übermitteln.
Mit herzlichem Beileid ...

Betroffenheit
Ich bin / Wir sind tief betroffen.
In tiefer Betroffenheit ...

Dankbarkeit
Ich / Wir denke(n) an sie / ihn in großer Dankbarkeit zurück.
Wir gedenken seiner Person und seiner Verdienste in Dankbarkeit.

Ehre / Ergriffenheit
Wir gedenken ihrer / seiner in Ehrerbietung und Ergriffenheit.
Wir ehren in ihr / ihm eine(n) große(n) / würdige(n) ...

Gruß
Mit stillem Gruß ...

Hilfe
Wenn wir Ihnen in irgendeiner Weise behilflich sein können, sind wir gerne dazu bereit.
Auf unsere Hilfe können Sie jederzeit zurückgreifen.
Bitte lassen Sie es mich / uns wissen, wenn Sie Hilfe benötigen.

Kraft und Trost
Wir wünschen Ihnen die Kraft und den Trost, den schweren Verlust zu tragen.
Ich / Wir wünsche(n) Ihnen von Herzen Trost in Ihrem schweren Leid.
Wir hoffen, daß Sie in diesen schweren Stunden (Tagen) die Kraft und die Stärke finden, diesen Verlust (Schicksalsschlag) zu ertragen.
Ich wünsche Ihnen, daß Sie schon bald neue Kraft und neuen Lebenssinn schöpfen können.
Ich wünsche Ihnen in diesen Tagen des Abschieds viel Kraft (Gottes Hilfe, viel Kraft und viel Trost).

Mitgefühl
In Gedanken sind wir bei Ihnen.
Erlauben Sie mir, Ihnen und Ihrer Familie mein Mitgefühl auszusprechen / auszudrücken.
Ich fühle mit Ihnen und Ihren Kindern.
In aufrichtigem (herzlichem, freundschaftlichem) Mitgefühl.
Unsere mitfühlenden Gedanken gelten seiner Frau und seiner Familie.

Schmerz / Vermissen / Vergessen

… wird uns sehr fehlen.

Seine freundliche (hilfsbereite etc.) Art wird auch uns fehlen.

Wir werden sie / ihn immer schmerzlich vermissen.

Ihr / Sein Tod ist schmerzlich für alle, die sie / ihn kannten.

Sie / Er wird uns unvergessen bleiben.

Wir werden … immer vermissen und nie vergessen.

Trauer

Wir trauern mit Ihnen um …

Wir trauern um eine große Persönlichkeit.

Mit Ihnen trauert(n) …

Ihr / Sein Tod hat über die Grenzen der Gemeinde (des Betriebes / des Vereins etc.) hinaus Trauer ausgelöst.

In Trauer vereint gedenken wir ihrer / seiner.

Erlauben Sie mir (uns), mit Ihnen zu trauern.

Ich / Wir nehmen in Trauer Abschied von …

In stiller Trauer …

Verbundenheit

Ich fühle mich Ihnen (und Ihrer Familie) in diesen schweren Tagen besonders verbunden.

In tiefer Trauer (tiefem Mitgefühl / herzlichem Gedenken etc.) bin ich (sind wir) mit Ihnen verbunden.

Wir fühlen uns Ihnen in der Trauer um … verbunden.

In tiefer (stiller) Verbundenheit …

Sinnsprüche und Zitate

Abschied nehmen heißt, auf das reduziert werden, was einen wirklich miteinander verbindet.
Ulf Wetter

Es ist nichts zu fürchten als die Furcht.
Ludwig Börne

Je mehr man in sich erlebt hat, desto mehr Teil nimmt man an anderen und weniger an sich selbst.
Ernst von Feuchtersleben

Wenn man das Dasein als eine Aufgabe betrachtet, dann vermag man es immer zu ertragen.
Marie von Ebner-Eschenbach

Briefe sind Stimmungskinder.
Christian Morgenstern

Das Los des Menschen scheint zu sein nicht Wahrheit, nicht Freiheit und Gerechtigkeit und Glückseligkeit, sondern Ringen danach.
Johann Gottfried Seume

Die meisten Menschen sind Münzen, nur wenige Prägestöcke.
Wilhelm Raabe

Wir sind für nichts so dankbar wie für Dankbarkeit.
Marie von Ebner-Eschenbach

Der Wechsel allein ist das Beständige.
Arthur Schopenhauer

Mitten im Leben sind wir vom Tod umfangen.
Martin Luther

Die Erinnerung ist das einzige Paradies, woraus wir nicht vertrieben werden können.
Jean Paul

Das Bleibende zu erkennen bedeutet Einsicht. Das Ewige zu erkennen klärt den Sinn.
Laotse

Die Hoffnung ist der Regenbogen über den herabstürzenden Bach des Lebens.
Friedrich Nietzsche

Der Himmel hat den Menschen als Gegengewicht zu den vielen Mühseligkeiten des Lebens drei Dinge gegeben: die Hoffnung, den Schlaf und das Lachen.
Immanuel Kant

Hoffen heißt die Möglichkeit des Guten erwarten; die Möglichkeit des Guten ist das Ewige.
Søren Kierkegaard

Jeder Augenblick im Leben ist ein Schritt zum Tode hin.
Pierre Corneille

Trost gibt der Himmel. Von den Menschen erwartet man Beistand.
Otto von Leixner

Den eigenen Tod immer ein bißchen im Auge behalten: das beruhigt und erfrischt zugleich.
Niklas Stiller

Mir tut allemal weh, wenn ein Mann von Talent stirbt, denn die Welt hat dergleichen nötiger als der Himmel.
Georg Christoph Lichtenberg

Da man in das Leben sich hat fügen müssen, wieviel leichter sollte man sich in den Tod fügen.
Wilhelm Raabe

Entschlossenheit im Unglück ist immer der halbe Weg zur Rettung.
Johann Heinrich Pestalozzi

Das meiste Unglück der Menschen besteht eigentlich nur darin, daß sie sich mit Händen und Füßen gegen das Kreuz, das sie tragen sollen und tragen müssen, stemmen und wehren.
Jeremias Gotthelf

Dreifach ist der Schritt der Zeit:
Zögernd kommt die Zukunft hergezogen,
Pfeilschnell ist das Jetzt verflogen,
Ewig still ist die Vergangenheit.
Friedrich Schiller

Wenn ich wüßte, daß morgen die Welt unterginge, würde ich heute noch ein Apfelbäumchen pflanzen.
Martin Luther

Leiden sind Lehren.
Äsop

Ohne den Glauben an die Seele und ihre Unsterblichkeit ist das Sein des Menschen unnatürlich, undenkbar und unerträglich ... Nur durch den Glauben an seine Unsterblichkeit erfaßt der Mensch den vernünftigen Zweck seines Seins auf Erden.
Fjodor Michailowitch Dostojewski

Wie hat der Mensch seinen Anfang und sein Ende? Den Anfang nur im Nachhinein, das Ende nur im Vorwegnehmen.
Unbekannt

Wer im Gedächtnis seiner Lieben lebt, der ist nicht tot, der ist nur fern. Tot ist nur, wer vergessen wird.
Auf einem Bonner Grabmal

Wie ein Blatt vom Baume fällt, so fällt der Mensch aus der Welt. Die Vögel singen weiter.
Matthias Claudius

Ich setze auf Gott. Wenn es ihn nicht gibt, dann werde ich das nicht erfahren. Wenn es ihn gibt, dann bin ich angenehm überrascht, daß er doch da ist.
Blaise Pascal

Die Güte des Herzens ist eine transzendente Eigenschaft, gehört einer über dieses Leben hinausreichenden Ordnung der Dinge an und ist mit jeder anderen Vollkommenheit unvergleichbar.
Arthur Schopenhauer

Man kann sein Schicksal weder voraussehen noch ihm entgehen; doch man kann es annehmen.
Christina, Königin von Schweden

Nicht der Mensch hat am meisten gelebt, welcher die höchsten Jahre zählt, sondern der, welcher sein Leben am meisten empfunden hat.
Jean-Jacques Rousseau

Es nimmt der Augenblick, was Jahre geben.
Johann Wolfgang von Goethe

Nichts ist gewisser als der Tod, nichts ungewisser als seine Stunde.
Anselm von Canterbury

Die Erinnerungen verschönen das Leben, aber das Vergessen allein macht es erträglich.
Honoré de Balzac

Die Erinnerung steht immer dem Herzen zu Diensten.
Antoine Rivarol

Wir müssen lernen, zuletzt auch noch sterben lernen.
Marie von Ebner-Eschenbach

Es heißt nicht sterben, lebt man in den Herzen der Menschen fort, die man verlassen muß.
Samuel Smiles

Nachdenken über Tod und Trauer

Dieses Kapitel verfolgt einen praktischen Zweck. Wer sich mit den Phänomenen des Todes, des Trauerns schon einmal auseinandergesetzt hat, nachgedacht und versucht hat, sich darüber Klarheit zu verschaffen, wie er sich auf diese unabdingbaren Bedingungen unseres Lebens einstellen kann, wird bei einer Trauerrede oder in einem Kondolenzbrief mehr und Ernsthafteres zu sagen haben, und dies auch auf eine überzeugendere Weise.

Oft hört man den Einwand, es habe keinen Sinn, sich mit unlösbaren Fragen zu beschäftigen – also der Frage nach dem *Sinn des Lebens* angesichts des Todes, der Frage, ob man an ein Weiterleben nach dem Tode glauben kann, ob es eine höhere Gerechtigkeit gebe usw. Wer meint, es lohne sich nicht, über so etwas nachzudenken, weil sich an den Tatsachen ja doch nichts ändere, übersieht, daß sich durchaus etwas ändert – nämlich der Mensch ändert sich, der sich diesen „letzten" Fragen wirklich stellt: Er entwickelt ein anderes Bewußtsein, wird ein anderes Verständnis haben, anders reagieren können. Er wird u. a. besser Trost zusprechen können, die treffenderen Worte finden, Schwieriges besser formulieren können.

Zunächst kann man Fragen stellen zur Rolle des *Phänomens „Tod"* in unserer Gesellschaft: Leben wir in einer Gesell-schaft, in der der Tod verdrängt wird? Geschieht dies, weil es nicht in unsere „Erlebnisgesellschaft" paßt, die völlige Negation aller Erlebnismöglichkeiten zu akzeptieren? Und befinden wir uns gerade deshalb auf der unausgesetzten Flucht vor der Besinnung auf den Tod, indem wir uns in immer perfektere Ablenkungsaktionen, in Arbeit, Vergnügen, Rausch hineinstürzen? Benutzen wir alle Erscheinungen von Mord und Tod und Schrecken nur noch als tägliche Unterhaltungsdosis gegen leere Stunden, aufbereitet durch die Medien, die Mord, Tod und Schrecken konsumierbar machen?

Wie auch immer man den Tod verdrängen mag, er holt uns trotzdem ein. Immer wieder mal werden wir mit seiner wahren Realität konfrontiert. Immer wieder mal haben wir also die Chance, ihn ernst zu nehmen. Dann sind wir meist auch zugleich konfrontiert mit der *Angst,* die die Vergegenwärtigung von Sterben und Tod auslöst.

Diese Angst müssen wir aushalten. Wir haben sowieso nur dann die Chance, mit ihr fertig zu werden, wenn wir es lernen, uns ihr auszusetzen und sie durchzustehen.

Woher hat der Tod seine Schrecken? Aus der Antike ist ein Argument überliefert, warum man den Tod nicht zu fürchten brauche. Entweder der Tod ist noch nicht da. Wozu ihn dann fürchten? Oder der Tod ist da, dann kann ihn der Tote nicht mehr fürchten. Es ist zu fragen, ob diese Entweder-oder-Logik unserer Angst imponieren kann. Sie führt aber zumindest dazu, daß man zwischen Tod und Sterben unterscheidet. Fürchten wir uns in Wirklichkeit nur vor dem Sterben?

Gerade bezüglich dieser Frage können wir uns am ehesten beruhigen. Gegen die *Furcht vor dem Sterben* wird ungeheuer viel getan. Spezielle Schmerzkliniken stehen bereit, immer mehr anästhesiologische Techniken werden entwickelt. Mit den Extremfällen wird die moderne Medizin zwar noch nicht fertig. Die Maschen des Versorgungssystems sind auch noch nicht eng genug; manchen können sie noch nicht auffangen. Viele Fragen bleiben auch offen, so die nach dem Sinn und dem zumutbaren Umfang von Schmerz. Aber grundsätzlich und tendenziell gibt es hier doch eine Beruhigung der Furcht vor dem Sterben.

Vielleicht kann uns der Gedanke an das Sterben sogar mit Zuversicht erfüllen. Dies wird bestimmt dann der Fall sein, wenn diejenigen Autoren recht haben, die im Sterben, zumindest in einer bestimmten Art des Sterbens eine Erfüllung und einen Höhepunkt des Lebens sehen.

Ist also doch der Tod das Problem und nicht das Sterben? Wissen wir heute mehr über den Tod als frühere Generationen? Die Berichte sogenannter klinisch Toter bringen uns in dieser Frage nicht weiter. Diese Menschen haben nicht den Tod erlebt, sondern nur eine späte Phase des Sterbens. Sie waren

nicht biologisch tot, sie waren wiederbelebbar. Es bleibt also die letzte Auskunft: Über den Tod als Zustand nach dem Abschluß des Sterbens können wir im wissenschaftlichen Sinne keine inhaltlichen Aussagen machen. Die alten Fragen, ob es ein Leben nach dem Tode, gar Seelenwanderung und Wiedergeburt gibt, welche Hoffnungen wir uns machen können, bleiben dem Bereich des Glaubens überlassen.

Versteht man *Glauben* nicht als „Annahmen machen, wo man nichts weiß", sondern im religiösen Sinne, dann nehmen die Annahmen den Charakter der Überzeugung, der Erlebnisgewißheit an. Allen Verheißungs- und Heilsreligionen ist gemeinsam die tiefe Überzeugung von einer bestehenden Verbindung zum Jenseits, von der Existenz dieser jenseitigen Welt und von ihrer Höherrangigkeit. In ihr erwartet uns erst das eigentliche Leben.

Hieraus erklärt sich das enorme *Trostpotential,* das diese Religionen dem wirklich Gläubigen bieten können. Selbst wer seinen Glauben um alle inhaltlichen Vorstellungen reduziert hat, aber daran festhält, daß es Gott oder ein sonstwie bezeichnetes übermenschliches Wesen geben müsse, wird aus diesem Grundvertrauen heraus besser mit den Problemen des Todes fertig werden können.

Wen die Tröstungen der Religionen nun aber nicht überzeugen, für den heißt Glauben lediglich: eine Annahme machen, wo man nichts wissen kann. Jetzt kann man sich immer noch entscheiden, welche Annahmen man gelten lassen will in bezug auf den Tod und welche Bedeutung diese Annahmen haben.

Welche Positionen sind möglich? Da gibt es zunächst die *Skeptiker*. Eine skeptische Lösung wäre salopp so zu formulieren: Mal abwarten! Lassen wir uns überraschen. Nicht schlecht, wenn noch was Besseres käme, und wenn nicht: auch gut.

Eine positivere Einstellung ergibt sich aus der Überlegung: Wenn wir das unvollkommene Bemühen unseres Lebens betrachten, könnten wir dies eher ertragen in der Hoffnung, daß der Tod uns neue Chancen gibt, daß nicht alles sinnlos war. Aus dem Sinnverlangen des Menschen wird bei dieser Position die Berechtigung der Hoffnung auf ein Jenseits abgeleitet.

Vielleicht bedeutet die Tatsache, daß wir über den Tod nichts wissen können aber auch, daß wir darüber nichts wissen sollen. Dies wiederum würde uns vor die Aufgabe stellen, den Sinn des Lebens nicht jenseits, sondern in diesem Leben zu suchen. Eine ernsthafte Beschäftigung mit dem Tod hätte dann genau den Zweck, eine *kritische Sinnüberprüfung unseres Lebens* immer wieder in Gang zu setzen. Das heißt auch, die Verantwortung dafür zu übernehmen, daß das Leben sinnvoll gestaltet wird. Dies sind Beispiele für mögliche nicht-religiöse Einstellungen.

Worin besteht nun die *Nutzanwendung* dieser Überlegungen? Ein Redner, der

die passenden und treffenden Formulierungen sucht, sollte sich überlegen, welche Lebenseinstellung die Verstorbenen und ihre Angehörigen hatten bzw. haben. Er sollte sich entsprechend informieren und diese Informationen dann in die jeweilige Position einzuordnen wissen. Es kann sehr unterschiedlich sein, worin Menschen eine Sinnerfüllung ihres Lebens sahen und suchten. Aber wenn der Redner es nicht weiß, wie soll er dann trostreiche Worte finden, die auch als angemessen und tröstend empfunden werden?

Trauer und Schmerz beim Verlust eines vertrauten, geschätzten oder geliebten Menschen zu empfinden ist eine natürliche und gesunde Reaktion der menschlichen Psyche.

Deshalb gibt es in allen Kulturen der Menschheit *Trauerrituale* und *Klagerituale* (Klagefrauen, das Zerreißen der Kleider etc.), mit denen die Betroffenen gemeinsam mit der sozialen Gruppe, zu der sie gehören, den Abschied von den Verstorbenen vollziehen. Diese Rituale geben dem einzelnen *Halt* und *Sicherheit* für ein Handeln in einer ungewohnten und nicht alltäglichen Situation und fangen ihn auch emotional auf im Mitgefühl und Beileid der anderen. Zugleich stärken sie und demonstrieren die *soziale Einbindung* der Betroffenen und ihre Solidarität. Der Schmerz, die Einsamkeit und die unwillkürlich aufkommende eigene Todesangst werden gelindert oder beruhigt im Halt in und an der Gemeinschaft.

Moderne Industriegesellschaften zeigen ein Schrumpfen solcher Rituale, besonders im privaten Bereich, manchmal sogar eine Beschränkung auf das Allernötigste. Vielleicht sind wir nicht mehr in der Lage, angemessen zu trauern, weil wir den Tod selbst dort verdrängen, wo er uns am deutlichsten vor Augen tritt.

Trauergefühle zu zeigen wird oft – besonders beim männlichen Geschlecht – als Weichheit und Schwäche ausgelegt. Also verbergen viele Menschen ihre Gefühle und meiden Situationen, in denen an sie gerührt werden könnte. Doch Trauer ist nicht nur Ausdruck einer inneren Verletzung, das Trauern ist auch der natürliche Prozeß, um diese seelische Wunde zu heilen. Übergeht und mißachtet man dieses Vitalbedürfnis des eigenen Gefühlshaushaltes, wird der Heilvorgang gestört, und die Gefahr besteht, daß hartnäckig verdrängte Trauer zu einer *Depression,* also zu einer psychischen Erkrankung führt. Es ist hier wie auch bei Angstgefühlen: Man muß sich ihnen stellen, sie ernst nehmen, also aushalten und lernen, da-

mit umzugehen. Anstatt in Ablenkungen und Betäubungen aller Art zu flüchten, sollte man versuchen, allein mit sich selbst und mit anderen zu trauern und sich zu seiner Trauer zu bekennen.

Das heißt nicht, daß man ins andere Extrem verfallen muß, mit der Trauer hausieren zu gehen, sich an ihr in Selbstmitleid zu weiden. Auch das hieße, sie nicht ernst zu nehmen. Es gilt also, das *rechte Maß* zu finden, welches dem eigenen Empfinden und Bedürfnis angemessen *und* den Mitbetroffenen zumutbar ist. Hierbei ist Reden und Schreiben nicht nur ein gutes Ventil, es zwingt auch in der Wahl der passenden Formulierungen die Ausgewogenheit zu finden, die der jeweiligen Situation und den Beteiligten gerecht werden.

Dieses Buch möchte also nicht nur aus Schreib- und Formulierungsverlegenheiten heraushelfen, es möchte auch dazu anregen, daß das Trauern gelingt, denn mit dem Sterben und dem Tod zurechtzukommen, gehört auch zu einem gelungenen Leben.

Register

Im FALKEN Verlag sind zum Themenbereich „Reden und Rhetorik" noch andere Titel erschienen:
„Modernes Redetraining" (1575)
„Trinksprüche und Festreden" (1321)
„Reden für Familienfeiern" (60281)
„Festansprachen und Vereinsreden" (60113)
„Reden zum Geburtstag" (60116)

Für Herby

Dieses Buch wurde auf chlorfrei gebleichtem
und säurefreiem Papier gedruckt.

ISBN 3 8068 1789 8

© 1997/1998 by FALKEN Verlag, 65527 Niedernhausen/Ts.
Die Verwertung der Texte und Bilder, auch auszugsweise, ist ohne Zustimmung des Verlags
urheberrechtswidrig und strafbar. Dies gilt auch für Vervielfältigungen, Übersetzungen, Mikro-
verfilmung und für die Verarbeitung in elektronischen Systemen.

Umschlaggestaltung: Peter Udo Pinzer
Titelbild: Friedemann Rink und Susa Kleeberg, Wiesbaden
Zeichnungen: Georg Stelzner, Frankfurt a. M.
Gestaltung: Horst Bachmann
Redaktion: Winfried Schindler
Herstellung: Wilfried Sindt

Die Ratschläge in diesem Buch sind von dem Autor und vom Verlag sorgfältig erwogen und
geprüft, dennoch kann eine Garantie nicht übernommen werden. Eine Haftung des Autors
bzw. des Verlags und seiner Beauftragten für Personen-, Sach- und Vermögensschäden ist aus-
geschlossen.

Satz: Grunewald Satz & Repro GmbH, Kassel
Druck: Neuwieder Verlagsgesellschaft mbH, Neuwied

817 2635 4453